LES PASSE-TEMPS LORRAINS.

LES
PASSE-TEMPS LORRAINS

OU

RÉCRÉATIONS VILLAGEOISES,

Recueil de Poésies, Contes, Nouvelles, Fables, Chansons, Idylles, etc.,
en Patois,

PAR JACLOT, DE SAULNY.

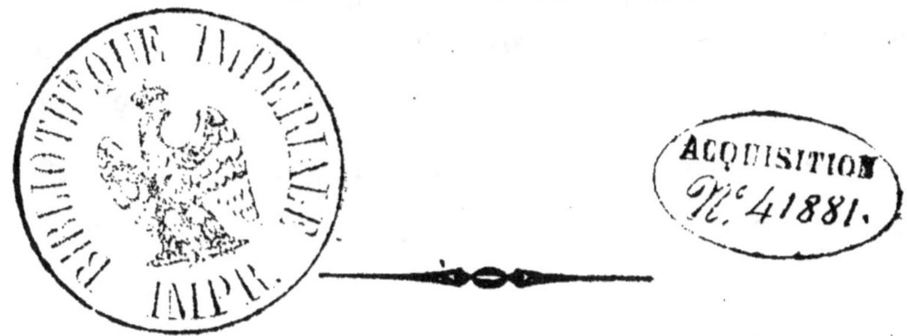

METZ

LORETTE, libraire, rue du Petit-Paris, 8.

Nancy,	Paris,
GRIMBLOT ET VEUVE RAYBOIS, libraires.	BORRANI ET DROZ, rue des Saints-Pères, 9.

1854.

TABLE DES MATIÈRES.

SAINT-NICOLAS PRÈS NANCY, IMPRIMERIE DE P. TRENEL.

LA FRANCE.

Révolutionnaire. — Anarchique. — Restaurée.

1848 — 1852.

Lè France èstoure o mou ogrousse ;
D'éte govèrnaye pè Napoléon.
Lés autes puhances an sont jalousses ;
Come don tamp dé se grand nonom.
Napoléon o su le troûne dé France,
Mâs i n'agi me come in angeance.
I fât justice è tot chèquin ;
Ét i puni lés pu molins.
L'an gracie tro , j'é creu qué l'é tour ;
Dés célérats que vieunes note molour.

Lu, po le boneur don grand pëï,
I n'é me èvu powe dé sè bèlle vie.
L'é fat vrèmant preuve dé corége,
Po cuboulé lo Reu dé se siége ;
Pèsqué lés geans né v-lins pu de Filipe,
Anco moué dés sous dé sè clique.
Is v-lins lo nevous dé Napoléon ;
On se soveneu co dé se boué nonom.
I n'é me réussi dans sés tantatives ;
Çè n'ampéche mé, èstour qué l'o vive.
Po celè l'é ètu dans lés prihons,
Dans lés cachots et lés foures mohons ;
On l'é mouéné dans l'Émérique,
Eyou ce qu'on gréille dezo lés tropiques.
On v-leu sé moùe ; màs on v-leu me lo toué,
Pèsqu'is n'ouzins lo guillotiné.
Lo peuple lés èreu toué torto,
Çè fat qué l'èrins èvu zoute tô.
Mas çè n'é me étu anlé,
Ogroussemant por nos qu'on n'é me vu celè.
J'èvans tot de méme ètu dénavié,
Don grous hèsseû qué ne voleu rié.
Nian é pu de rèch èstour an France,
Is sont anvoyes ; oh ! qué bone chance.

Mas volle co in pu grous flièau,
Dés geans dé tos metis qué v-lins note mau.

Cé n'oteu poué de braves, jé vos l'échure,
Ç'oteu tot nètte dé lè racliure ;
L'an on fat veur dés griches toplié,
E tortu nos an feuvrié.
Lè grande révolte aussetoû conechowe,
Lés geans dé campègnes on èvu powe.
Lé révolucion é èclièté,
An quèrante ute su tos lés poués.
On ne so conechins pu po pèrant,
On ne ouèyeu pu qué dés manres geans,
Qué v-lins violé et pu péillé ;
Lés clubes lo dejins, ç'oteu èssé.
I folieu lés veur tortu ansonne ;
Jé ne oué poué de bieus po éte pèroille.
Is hùlins tot come lés bétes dés boùs ;
Is ne lèyins me in oure aus geans dé repoû.
Ç'oteu dans le tamp que Ledru-Roullin,
Fèyeu tojo ollé se môllin ;
L'oteu dés onze, Réprézantants.
Vé le sèveus béne, nié me si lontamp.
Nièré béne toû tot près de cinq ans,
Qué lé République é dévé lés dants.
Ele deveu fare tot note boneur,
Mas ç'o le contrare, l'é fat le moleur.
Nié dés brégands dans note péï,
Qué ne voilles mé mieu qué lés sous de Pèris.
L'èvins dés blagues et dés bèrdèlles ;
Fâtes po rèpande dés manres novèlles.

Jé n'évans pu de Reu, dejins-tis : J'èvans lè République.
Ele va fare lo boneur dés domèstiques;
Lés Dieumeholes aussé n'èrons pu de mâtes,
Jé sérans tortu dé lè France lés mâtes.
J'ollans ne montré in poû devant zous,
Jé vrans veur dans zous caves, s'is l'on dés bèrous.
Jè louz i panrans torto ce què l'on.
Jé coucherans è lè nut dessu zous plieumons.
Et zoute èrgeant, je lè pèrtègerans;
Et si dich auque, jé lés pandrans.
Jé mégerans, jé bouérans è tot l'èrigot,
Et zous n'ouzerons solemant dire in mot.
V-lè 'portant ce qu'is déjins dans zous confrarèycs;
Evo lo refrin chugeant qué pâlc dé routé lè vèye:
Ah! ça ira, ça ira, les aristocrates à la lanterne;
Ah! ça ira, ça ira, les aristocrates on les pendra.
On ouyeu qué celè dans lés rowes et tote èvos.
Et pu lè marséillèsse qué so chanteu co pu haut.
Çolé décorègeu torto lés geans séges.
Is brèyins tortu et tourchins co zous vezége.
Po tiosse qué j'ovrans so déjins-t-is?
Pét éte po éne clique dé chenèpants de Pèris.
I ne faut Napoléon po motte ourde lè dedans;
Kèr s'i n'i ome, jé ne sérans pu au monde dans in an.

Ç'oteu béne vra, jé lés ouèyins jè,
Pè zous ollures et zous décrès.

Is c-manciins jè, mâs p-tiot et p-tiot,
Po ne mé fare veur qué l'otins èscros.
Cé n'oteu oua auque dé tortu zous;
Po demandé aus geans tojo dés sous.
Is n'ollins oua dans le bé chèmin,
Quand l'on v-lu 45 dé tot chèquin.
Et don coû l'é follu lés bèillé por zous,
Antére lés mées dés précèptous.
Çolè é fat dégoté lés geans;
Dé lé République et de sés ageans.
Qu'an on-t is fat? vé le sèveu béne;
L'on fàt èvo dés rigandénes.
Mas aussé is nos preumottins;
An Icarie qu'is n'anmouénerins,
Eyou ce qu'on véque sans trèvèillé,
Mâs lés filous v-lins mieu nos péillé.
Ç'oteu Cabet qué n'èreu condut,
L'èreu fat de nos come on é vu.
Nian é quèqu'inq qué l'é anmouéné,
Mas l'on révénins au bout dé treus moués.
L'on étu contants dé réveur lé France,
Eprès owouèr èvu toplié de sofrances.
Lés poures bônes geans qué l'é anmouéné,
S'an on revénins tortu dépauillé.
Pélè, su mére, an mitant dés owes,
L'é fat déproté lés fomes tot nowes.
I louz i é prin tot cé qué l'évins,
Et lu é revénin sans pu dé chègrin.

4*

Lés onétes geans lés crèyins po éne foué,
Mas zous ollures lés on degotté.
Pandant dich moués mâtes dé lè France,
J'èvans vu qué ç'oteus dés poures angeances.
Lés campègnars otins ampouénes,
Is ne conechins me co zous peutes routouénes.
L'on c-mancié pè demandé de l'èrgeant,
On louz i an é bèillé, mas quèque tamp èprès l'an
   demandins co treus foués austant.
Is palins tojo dé Robèspièrre,
Is v-lins chure sés trâs dans zout antière.
Marat, Saint-Just et pu Danton,
Otins por zous dés grands pâtrons.
Lo nom de cés apôtes lè, nos fèyins freumié.
Jé pansins aus poures nots guillotinés.
Is p-tins jè come zous dés bonots rauges;
L'évins aussé dés crèvètes rauges.
E Metz j'an a conechu qu'an p-tins,
Ç'oteu dé lè vélle lés pu molins.
Jé ne lés nomera me pèsqué j'a powe,
Qu'is m'ètandinsses quèque jos dans éne rowe.
Is serins kèpabes dé me trénié cheu zous,
Et pu de me pande pè lés chèvous.

Is v-lins tortu lè libèrté,
Lodru-Roullin l'èveu démandé;
Mâs lè liberté come is l'è v-lins,

Né pliaheu oua è tot chèquin.
Mo foué, is v-lins lé République,
Et lés braves geants ne v-lins poué dé zoute clique.
Jé ne sovenins co dé souèssante ans,
Combène n'on-tis fat meuri de geans?
Is lés pandins, is lés guillotinins,
Et dans lè *Vendée* is lés noyins.
Ç'oteu Carrié qu'oteu pélè,
L'oteu lo mâte dé ce pëï lè.
Lés prihons otins pliénes d'ofans et d'omes,
I n'èpagneu me solement lés fomes;
I lés fèyeu ollé su l'owe,
I lés deproteu tortu totes nowes.
L'otins èvo lés omes molin-molâ,
Jeté dans le bètiau qu'on houye gabà;
On an lieu dous pè dèyé le doû,
Carrié v-leu veur pu tou zoute moùe.
On dévèyeu le fond don grand bètiau,
Aussetou le signal don neur bouriau.
Is chèyins au fond dé lè rivière,
Po ne pu révénin jèma an vèye.
Qu'an déheus ve braves geans dé torto ço cé?
V-lè portant ce qué ç'o dé zoute libèrté.

Is v-lins aussé l'égalité,
Proudhon le preumin l'èveu preuché.
Louis-Blian lo douzieume au Luzambourg,

Déheu d'èvo lu : ah ! lo peut bougre.
Is v-lins qué lés biés dé tote lè France,
Sins pèrtègé come dans éne beulance ;
Is dejins au moué j'èrans note pà,
Is contins dessu, ç'oteu jè fat.
Is corins èprès tot come dés chins ;
In oce antère zous, is se disputins ;
Jé vieu ço champ lè, pèsqu'i me convié,
Et si té ne vieu me lo bèillé té seré fuzillié.
Lés poures bônes geans dejins tortu ansonne,
Jé ne v-lans pu de zous ker is ne dézolles.
Is panrons torto ce qué j'èvans,
Nos jèdins, nos crowes et nos boués champs.
Comant ansonne èrins-t is fat ?
Is n'otins me d'èccoure po fare lés pâs.
Posqué Proudhon dans l'èssambliaye,
Bèilleu dés coûs et dés rossayes ;
Et sés pèroilles qué le contrariins,
Dans sés proujèts qué n'èvins poué de fin.
I v-leu qu'on l'ècouteusse, l'oteu banquié,
I pérneu de l'èrgeant mâs i n'an randeu poué.
An dous moués de tamp, i n'èveu reçu,
Qué 17,933 lives po tot défrut ;
Lés fras de buriaus èvins devôré,
8,147 lives 85 cent., près dè lè mouétié ;
Lè banque sé min an liquidacion,
Proudhon é bèillé sè pèrole po caucion ;
Mâs i deheu qué lè proupriété,

Oteu torto don bié volé.
Erangeans ne anlè braves dépouziants,
Lo panre an guége quèque ç'o qué j' an ferans.
Lèyans le au diale dans sè ouëténe,
Mas nos poures sous ne sérvirins béne.

Lè fratèrnité oteu zoute dévise,
Lés aristos an devins veur dés griches.
Folleu lés veur s'is l'otins fréres,
E Pèris an fèyans lè guére.
Is fèyins dans lés rowes dés baricades,
Po fare dèyé dés fuzillades.
Lés omes, lés fomes et lés ofants,
On étu toués pè lés brégands.
Cé n'oteu me lés rauges qué s'ollins bète,
L'èvins tro powe dé se fare èbètte;
Mas l'anvoyins dés poures nônaus,
Qué pérnins le fuzi po fare zoute mau;
Is se fèyins toué pè zous pèroilles,
Lo sang coreu dans lés rigolles,
Come dans lés rus èprès in orage;
Rié qué d'i pansé mo vezége vié bliave.

J'otins tortu dans lè sofrance,
Napoléon oteu fieu de France;

I n'èveu plu so tenin délé zous,
Pèsqué ç'oteu dés lous hèrous.
Lé bèillé sè démission dé reprézantant,
On l'èveu nomé an couëte départemants.
Lè Mezèlle oteu dans cés couëtc lé,
Folleu lè veur come l'é vouté !
J'èvans béne vu qu'i ne téneu oua
Aus grous écus ; mâs lés kègnats
Emins an fouche lés 25 lives ;
Is devins mo foué lés fare béne vive,
Ç'oteu pèr tro au pris dé nos autes ;
J'èvins don mau béne pu qué zous autes ;
Je bouévins dé l'owe an béne ovrant,
Et zous don vin an bègueulant ;
Jé méjins don pé duch come don fé,
Qué je fèyins èvo dé lè fèréne dé gré.
J'otins maleureus come dés pières,
Et zous chantins lè marséllière.
Is ne houyins co grous pèïzans,
Is ne rèouatiins come dés aleufans ;
Is ne so repelins me qué Hanri couëte
Routeu so chèpé et sè collète,
Quand i pèsseu délé le rèborous,
L'oteu portant béne pu graud qué zous ;
Is fèyins zous crânes an n'ètrèpant,
Né me pâleus pu dé cés chenèpans.

Quand lo dich déssambe é èrivé,
J'èvans tortu ètu vouté ;
Maugré lés iméges et lés chansons,
J'èvans bèillé po Napoléon.
Ç'oteu lés rauges qué lés èvins fàt ;
Is le féyins tojo pèssé po bétâ.
Is deunes béne veur èstour s'i l'o,
Po fare ce qui fat i ne fau me éte sot.
L'on mou taché dé ne dominé,
Màs jé ne lés èvans me ècouté ;
I folleu lés veur come is ne fliètins,
Po qué je voutinsses po Ledru-Roullin.
L'èvins d'èvance tro calculé,
Qué jé voutrins po zoute cotié.
Is crèyins que lé sahons d'uvére,
N'ampéchereus de treuversé lés téres.
Qué jé ne v-rins me vouté po Napoléon,
Màs is se sont vu au diale dindon.
Lè Prouvidence n'é sécoru,
J'èvans tortu vouté por lu.
Nié fat in tamp èxtraourdinare,
Jé n' ètandis me béne au contrare ;
D'éte rèchaufié pè in bé selo,
Come nian fau inq aus èskèrgots ;
Màs, zous autes lo reouatiins de trèvé,
Ço bé tamp lè, ç'oteu nové ;
D'an veur in pèroille dans éne peute sahon,
Qu'on ne oué jèma qué dés glièssons.

Ah! ni lè pliouve, ah! ni lè nove,
Né n'èreus ampéché d'ollé vouté.
Quand i s'agi d'éne chousse pèroille,
Jé n'èrins jèma volu rekeulé;
Jé n'èvans èproté come in jo de féte,
Nièveu dé lè bande lo préte an téte;
J'èvins au chèpé, an guich dé cocarte,
Lo bé p-tiot nom dé Bonaparte.
Mâs quand lés rauges on vu lo scrutin,
Je n'otins pu boué po jeté aus chins.
Napoléon èveu ramp-té,
Lè pu grande majourité;
Nié qué lés manres geans qué ne voilles oua aque,
Qu'on v-lu vouté po Cavègnaque;
Pèsqué l'èveu preumin de l'èrgeant,
Aus sous qué ferins lés intrigants.
I n'é me guégné, on l'é béne vu,
L'é fat portant tot ce qué l'é plu.
Ç'o Napoléon què étu nomé,
Grand Prézidant pè l'èssamblé.

CHANSON SUR LE COUP D'ÉTAT

ET

LA FUITE DES ROUGES DE FRANCE.

1er *Copliot.*

Pèrteus pèrteus maudites angeances,
Qué le Diale v'an poute bène lon de tossé :
Vé n'èveus fat qué runé lè France
Dans lés diche moués qué v'i èveus rèsté,
Jé n'èrins béne pèssé de vos tortu
Po ne fare meuri couzi mouélié.
Et sans mèfiance jé v'èvans reçu ;
Mas vote condute n'é fat pitié.

2me *Copliot.*

Cé n'o me anlè qué ve devins fare,
Quand on vieu oubligé lés geans.
C'o qué vé v-lins fare béne vote èfare
Et nos ne lèchié dédans le néan.
Lés bétes dés boûs sont méillous por nos,
Qué vè n'otins po vos sambliabes.
Is ne lèches au moué tranquilles cheu nos,
Is ne nos ménèsses mé don grous sabe.

3me *Copliot.*

Dépeu que v'èveus souillé lè France,
Vé n'èveus p-té tojo moleur

5

J'otins nut et jo dans lè sofrance :
Et jé ne méjins qué don pé neur,
Nos végnes otins sovant jolayes,
Et jé n'èvins jèmas d'èrgeant,
Lè France an oteu dézolaye,
Jé maudissins sés reprézantants.

4ᵐᵉ Copliot.

Sans lè divine bone prouvidance,
Et sans Napoléon j'otins peudus
Més chères èmins j'èrins an France
Dés Robèspières et dés Golus.
Mâs ç'o qu' èstour je véquans an pâche
J'émans Napoléon dé tot note kicur,
Et j'évans prins tortu è tâche
Dé ve maudire et dé ne pu vos reveur.

5ᵐᵉ Copliot.

J'èrans tojo dé lè réconechance
Dé ce qué Louis é fat por nos,
C'o è sé grace è sè cliémance,
Qué je devans aujedu note *repos*.
So-n âme o grande et générousse
Dé l'oneur i chu lo chèmin ;
Aussé lè France an o glioriousse,
D'owoué Bonaparte po nos sotenin.

LÉS NOTARES DÉ MÈSSE.

Volle mo foué dés geans sèvants,
Qu'on tro béne d'ovréges dépeu quèque tamp.
Lés vantes dé biés se fon coù su coù;
L'an on tant qué le Diale so cassereu le coù.
Cé n'o me déjè lo méillou de l'èfare,
Po quèque geans is ne vourins me an fare
Mas fourciémant po de l'èrgeant
Is sont poussiés po lés pèyemants.
Is se ouénes fourciés d'an venin tolè,
Maugré lés proûnes dé cés geans lè,
Qué ne pieunes pèyé ni rante ni fond
Quand méme dé braves pèssé qu'is se fon.
Lés geans de Buriaus né creunes qué l'èrgeant,
Dé l'oure aussé poteus louz i an,
Is ve récieurons béne mieu qu'in Reu,
Is ve bèillerons éne chire po que vé ne sins me dreut.
Is démandrons c-mant vons lés ovréges.
Et si lés bacèlles sont tojo séges,
N'on me-t-èles peudu zoute rénommaye
Dé p-té dessu le mèrché dés grousses hotayes;
L'ènnaye o bône, lés fruts sont èbondants,

Lés campègnars deunes étes contants.
On o motrusse, on ne sé c-mant dire;
Au cheu lou palé dés manres gombires
Qué sont ce-t ènnaye torto purayes,
C'o in moleur po tote l'ènnaye;
On di qué ç'o l'ar don chèmin de fé,
Ou lo sou don *gaz* qu'o tot nové,
Qué lés fat puri dezo lés foûnes,
Cé n'o me çolè quiteus vos prounes.
Mas lés notares n'ècoutes mé celè,
Is demandes dés sous po vos contrès.
Is frotes zous mées an ètandant;
Qué ve demandeus repi ou dé l'èrgeant.
Si v'an èp-teus vé sereus bié reçu,
Mas si v'an demandeus is n'an on pu;
Au moué que v'évinses toplié de tèrins
Sans ipotèque qué grand qu'is sins.
Si ç'o anlè is v'an bèillerons.
Is n'èrons me powe, l'èrons éne caucion,
Mas is ve conterons rante dé lè rante,
Et si vé ne péyeus me, is ve férons vante.
Quand is s'an végnes dans lés campègnes,
Is n'on jèmas zous bèlles compègnes.
Is se mones è bouére èvo lés èchtous,
Po qu'is remontinses su lés anvious,
Is jétes dés bombons é tot l'èrigot.
Nian é qué sont come dés èskèrgots,
Is pâles et se rines èvo tortu,

Lés grands, lés petiots et lés toûtus,
Porvu qu'is payinses béne zous jédins,
V-lè tot ce qu'is vieunes, ah! qu'is sont fins.
Nié in notare, vé me creureus pét-éte,
Qu'é in jone cliare qué n'o oua béte,
I se houye C[illegible] l'é éne rénomaye
Dans tot le pèï, po sés pansayes.
I fat dés lives, ç'o béne ahié,
I copie su lés autes v-lè tot le mau que l'é.
Mâs ç'o qu'i vieu pèssé po sèvant,
Dédans lés rowes et devant lés geans.
L'é fat dés ovréges dé tot mérite,
L'é reçu po celè éne sèquant vizites.
Çè l'ancorège dé pu an pu;
Vèré in tamp qu'i seré peudu.
L'o béne chure *noble* et pu baron.
Ço jone ome lè é toplié de noms:
Tantoû i di que l'o dé Longevèlle;
L'ènnaye qué vié i seré de Pliètevèlle.
Mosieu so patron, qu'o in notare,
N'o me si farot qué se preumin cliare;
Lu geantimant poute dés lunotes,
In notare réche an pieu béne mote.
L'é in viare rauge qué li va béne,
Sés chèvous neurs li vons ausse béne.
Ço in petiot ome, in cortinèt,
Qué ne fat mo foué oua d'ambèré.

PORTRAT DÉS ÉVOCATS.

———

Volle dés geans qu'émes dé pliadié,
L'on in ètat mo foué ahié.
Evo in pou de tète et de hèrdièsse,
Is guègnes dé l'èrgeant et s'an rèmèsse.
Nié portant qué zoute bé paroli,
Et pu éne roube et in èbit.
In pou de popié, et éne plieumaye d'ancre,
L'on tot ce qu'i fau po p-leur défande.
Zoute barbe o fate, mas su le moton,
L'an lânes in pou lés sous qu'an on.
L'on in grâle blian dé calicot,
Ene cowe dé chète, in haut bonot,
Que pan dèyé le doûe jousqu'au mitan,
Çolè fat veur qu'is sont don Parlemant.
Is sont hèrdis tolè po pâlé,
Béne pu qué nos autes su lés mèrchés.
Is sènes l'ollemand, le français, l'ètin,
Po louz i an revande, i fau été fin.
Lés juges aussé et le Procurous,
Qu'o an mitan dé tortu zous.
Pâle tot sovant et ri quèque foué,

Mâs moleur au sou qu'o inculpé.
Cite-céle brâ co deurant le prouçé,
Qu'o ce qué l'é fat, l'é prin dés drès,
Cheu sè métrèsse qu'i n'émeu oua,
Ele v-leu tojo..... lu ne v-leu jèmas,
Ele lo chèrcheu dans tos lés couins,
Ele lo houyeu quèque foué se cozin,
Lu au contrare so couècheu de lèye,
Pèsqu'i ne v-leu jèmas fare d'èvo lèye.
L'oteu tro peùte et sans uzéges,
Et sè condute qué n'oteu me pu sége,
Éle féyeu sovant de mauvas golans,
Qué li béillins lè clié dés champs.
Is cliouins so-n euche, is lè chèssiins,
Vè-t-an au diale lon dé tés cozins,
Te lés fereu meuris çant foués po éne,
S'is ne pérnins me ouade è tè cowyéne.
Mas lèye hodaye d'éte étrèpaye,
Po se vangé de zous, i li vié éne pansaye ;
Quand vé véreus cheu mé, jé sé ce qué je ferà,
So deheu t-èle an lèye méme : jé v'anfromerâ.
Lo sou qué véneu lè veur lo pu sovant,
Dé sè mohon i conecheu béne lés trantrans ;
In jo l'i vié come d'ourdinare,
Ce n'oteu me por lèye éne vizite rare.
Délé l'omare i s'èssieute su éne chire,
Come l'oteu nut, nièveu éne leumire,
Pandowe au mitan don plianchi,

Qu'élemeu tot béne lo peut loûgis.
Lèye aussetoû sourte et ne l'i di rié,
Ele fat mancion d'ollé peuchié.
Pendant ce tamp lè, éle frome so-n euche
Ancliou ; soti lo poure Eyeuche.
Lu ne so doteu me dé ce-t èfare lé,
D'in tô pèroille ; ah ! té mo le pèyeré,
Po sourti fieu dé sè chèheute.
L'èvisc éne chousse in pou èdreute,
I monte dans sè chambe qu'oteu dezo le ti,
I pran lés lincieus dé se baté de li,
L'an fat éne coûde come in côdo,
I lè nowe èprés éne péne don p-tiot gôtero.
I dechand èprès pu vite qu'i ne vieu.
Aussetoû an bèch ; ah ! mo volle fieu,
Je pran lés lincieus, qu'on ouëyeusse mé
Qué j'a déchandu pè ce chèmin cé.
Quand lèye révié dans sè bèrèque,
Né oué pu l'ojion, éle bâille mirèque ;
Mas quand l'é vu so li debrolé,
Sés lincieus prins et se pot kèssé,
Ele core aussetou cheu le grand Bènerot,
Po li rèconté le saut don gôtero.
Cite-céle an fat in pliadéyemant,
Et porchu le droule au Parlemant.
Mas se défansous qué n'oteu me béte,
N'é me èvu powe dé pâlé de lè fenéte,
Posqué se cliant oteu ancliou,

I folleu qu'i souteusse pè in grand troû.
Qué mau é-t i fat jé vos le démande,
Dé pèssé pè éne fenéte po p--leur déchande.
Jé l'a vu pliadié, i me toûneu le doûe,
Qué pâleu aus juges béne è preupoûe.
Dans l'intèrèt don poure paciant,
I déheu que ç'oteu in bône ofant.
Si vé le condâneus, v'èreus grand tour,
Etandu qu'i vau so pézant d'oure.
L'é fat co éne bétisse solemant d'éte pére,
D'in p-tiot guèchenot qu'éme béne sè mére.
Nian é béne dés autes qué fon anlé,
Ce n'o me rare èstour dé veur çolè.
L'oteu tot rauge dé pâlé haut,
I soueu è gote, tot come in chevau.
Mas l'é tant fat de lu qué l'é guégné,
Lo grous proucè don mau couëfé.
L'é ètu aussé pèyé de sés pouénes ;
L'é èvu couëte blians ècus de Louréne.
Lés défansous vieunes tojo dé l'èrgeant,
Dévant qué d'ollé pliadié au Parlemant,
Quand is ne sont me chure dé guégné l'èfare,
Ou p-t éte l'on powe qu'on sins an retard,
Dé lés pèyé exactemant ;
Is dines tojo que l'on bézan d'èrgeant.
Ç'o dés fins renâs, jé l'a jè di,
Qué fon dé ce qu'is sénes in grand preufit.

LES GUÈCHONS ET LES BACÈLLES

DÉ MO VELÈGE ET DON VOUÈZIN.

Dans sés velèges lè, nié dés bacèlles,
Pu d'éne et de dous qué ne sont me pucèlle.
Eles so lânes ollé dans l'èspèrance,
Dé fare putà éne bèlle èliance
Evo lés guèchons qué lés on gaté,
Ou béne lés sous qué lés on dépucellé.
Mas ç'o qu'au diale lés bés guèchons,
Aussetoù qu'is ouénes vénin le bochon.
Is s'an vons dé zous po qu'is ne sins me père,
Don p-tiot grimau que deu vénin su tére.
Is n'on oua dé chègrin dé l'ambèrè
Qué lés bacèlles on dé tenin su le brè,
Lés p-tiots mèrmots qué zous on fat,
Eles s'an répannes, ma l'o tro tà.
Quand éles sont délèchiaye, éles jeuméles foûe,
Eles so pliénes tojo don mau don doûe.
Eles branes zoute faute, lés poures bacèlles,
Si haut, qu'on lés ouye jousqu'è Plièthevèlle.
Eles sont hontousses d'ollé è Mèsse,
L'on powe dé montré zoute grousse fouèblèsse,
Aus geans qué lés reouates dans lès chèmins,
Po dés rouayes et dés quètins.

CHANSON

*D'un jeune villageois qui revient de voir son
infidèle ; il raconte aux personnes de
sa connaissance l'affront qu'elle
lui a fait essuyer.*

1ᵉʳ *Copliot.*

Pè in dieumanche dans le mètin,
Jé m'an olleu veur m'èmin ;
Jé monteu déssu me haut chevau,
Jé ne panseu et auqu' in mau.
J'a prin éne rôte novèlle,
Qué mé condu délé m'infidèle.
Quand j'a èrivé su lés hauts monts,
J'a ouï toplié de violons ;
Dés violons et dés timbales,
Ç'o mé métrèsse qu'oteu mèriaye.

2ᵉ *Copliot.*

Mas jé n'an oteu me béne chure,
Jé m'an olleu jousqu'è tolé,
J'a vu in grous tropé de geans rèmèssié,
Qué m'on tortu ri au né.

J'a béne vu è zoute ollure,
Qué mo - n èfare n'oteu me tot chure.
Eyou ce qué te vâ poure èmorous,
T'o dans lés mées d'in molin Procurous.
Té n'é me béne pliadié to-n èfare,
Qué tè métrèsse o mèriaye.

3ᵉ *Copliot*.

J'a déchandu an bèche dé mo chevau,
Je l'a ètèché èprès in potau;
J'a ètu veur au motin,
Si nièveu éne *noce* ou in fèchetin.
J'a vu lè novèlle mèriaye,
Qu'oteu béne rècokiaye.
Quand j'a ètu fieu don motin,
Jé lés réouatieu, is me réouatiins.
Ele panseu è nos èmours pèssayes,
Qué j'èveu tant fat de crowayes.

4ᵉ *Copliot*.

Ele mé invité è dejuné,
Po anco bouére è mè santè.
Mas éle mé min au pu haut bou,
Eyou ce qu'on o lo pu hontous.
Ele mo fèyeu pèssé po bétât,
Eh mon Dieu ce n'oteu me co fât.
Jé me couëcheu dezo mo chèpé,
Jé m' antortéilleu dedans mo manté.
Mas lo kieur dé lè mèriaye
Conecheu béne més pansayes.

5ᵉ *Copliot*.

Mas quand é venin lè nul,
Ele me min couzi tot nu.
Jé m'a sauvè su zoute cénau,
Evo chègrin pèssé més maus.
Mas le mèrié et lè mèriaye,
M'on venin jeté è lè volaye.
Is m'on jeté in si grous coû ;
Qu'is m'on kèssé lè chéne don doûe.
Jé m'a èlu mote déssu lè bolaye,
Po pèssé le rèche dé lé nutaye.

6ᵉ *Copliot*.

Jé n'a me èlu pu toû andreumin,
Qué voce éne bande dé libèrtins.
Jé m'a meussié dezo zoute récliu,
Po pleur pèssé le rèche de lè nut.
Mas jé ne mo treuveu me béne tolè,
Nièveu que dés seris et dés grous rès.
On m'é prin pè lè crégnèyè,
On m'é min dans ène grande véssèye.
On m'é jeté su éne haye,
Au diale è lè volaye.

LE TRIMAZOS.

Le premier dimanche de Mai, les jeunes filles de la campagne se revètissent d'habillements blancs, avec des fleurs dans les cheveux, des rubans de diverses couleurs croisés sur le corsage et au bas de leur robe ; font des danses devant tous les *couaroilles* et même jusque dans les maisons du village.

Il paraît qu'elles ont pour but d'annoncer et de célébrer par leurs jolis chants le retour du printemps.

Autrefois, ces jeunes filles étaient accueillies dans toutes les maisons et quelque fois la famille dansait avec elles en fredonnant la ronde d'usage.

Elles allaient même jusqu'à la ville chanter devant les maisons des personnes distinguées plusieurs couplets appelés *Trimazos*, qui commencent et finissent par ces mots :

  O trimazos.

  Ç'o lo maye, o mi maye,

  Ç'o lo jouli moué dé maye.

   Ç'o lo trimazos.

Ces usages innocents se supprimèrent d'eux-mêmes dans plusieurs localités, au moment de la révolution de 93 ; la franche gaîté était disparue.

Jé revénans dèvos lés champs,
J'èvans treuvé lés bliés si grands.
Lés owouénes né sont me si grandes,
Lés aubépénes sont fliorissantes.
      O trimazos.

Ço lés bacèlles dé Saunin,
Qué so leuves dé boué mètin;
Po mote don bocon rance au tepin,
Et po fare veur qu'éles sont geanties.
      O trimazos.

Ç'o lés bacèlles dé Rozieulles,
Qué s'an vons quère dés cognieulles,
Mas lés cognieulles qué sont purayes,
Eles s'an revègnes au velège béne ètrèpayes.
      O trimazos.

Ç'o lo mare dé Plièlevèlle,
Qué chèsse tojo sés bèlles bacèlles,
Evo in toque dé handlure,
On direu que ç'o come po lés détrure.
      O trimazos.

Ç'o lés ouètes bacèlles de Ouëpi,
Qué ne réfons jèmas zous lis.
Qu'è lè féte éne foué l'ènnaye,
Ç'o qué zoute chambe n'o me pu handlaye.
      O trimazos.

N'ècouteus me lés médizants,
Ç'o dés anvious, ç'o dés manres geans;

Cheu nos on ne oué poué dé bacèlles,
Qu'èvinses doze ans et que sins pucèlles.
O trimazos.

Quand l'on fat quèque p-tiots grimaus,
Ç'o po zoute conte ou po l'optau ;
Aussetoù lâché l'an refons in aute,
Tot an chantant sans brare zoute faute.
O trimazos.

J'a vu dés guèchons dans lés chèmins,
Qu'otins come dés fous délé zous quètins ;
Mas quand é venin lè fin de l'ènnaye,
L'on ouyi chanté dès p-tiotes popayes.
O trimazos.

Une quête a lieu après la chanson, dans laquelle
on fait entrer plus ou moins de couplets, et chacun
donne selon ses moyens. Après elles chantent encore
ce dernier :

Més dèmes jé vos rémèrcians,
Cé n'o me por nos qué jé chantans ;
Ç'o po lè Vièrge è so-n ofant,
Qué prie por nos au firmamant.
O trimazos.

Ç'o lo maye au mi maye,
Ç'o lo jouli moué de maye.
Ç'o lo trimazos.

LO LOWE ET L'ÈGNÉE.

Lè rahon don pu four o tojo lè méillou ; j'ollans lè mon-
tré tot è l'oure.

In lowe et in ègnée so désseulins dans le corant d'in
ru, lo lowe oteu tot delé lè saurce, et l'ègnée oteu béne
au dezo. Lo lowe, né chèrcheu qu'in aulusse po mote
l'ègnée an mauhée, kér i ne l'é me putou saurvu, qu'i
core délé lu, et li é reproché d'owé baullé so-n owe. Co-
mant poureu-je lè baullé ? li dit l'ègnée an trambliant. Jé
boué béne au dezo dé l'andreùe qué ve bouéveu ; jé su
béne ansue dé chèrché è ve nure, jé n'an a me soulemant
lè pansaye. Echeù dit lè moline béte, j'a vu te pére qué
hinsieu pë sés gueullrèyes sés chins èprès mé. Nié pu
d'in moué, répond l'ègnée, qué me pére é santu lo coutée
don bauchi. Ç'oteu donc tè mére ? Mè mére o moûte cés
jos pèssés an mo motant au monde. Moûte ou nian, dit lo
lowe an chégnant lés dants, jé sée qué té me hée, et pu
lés sous dé tè sonre, i faut qué jé me vangeusse. Ausse-
toù qué l'é dit celè, l'é anhonché l'ègnée, l'é tranyé et
mégé tot pèrlu.

LÈ FOME ET LO SECRET.

Rié n'o si pézant qu'in *secret :*
Lo poté lon o molahié aus fomes,
Et jé sée mémc su ce fat,
Toplié d'omes qué son fomes.
Po èpreuvé lé siéne in ome bâilleu,
Pèr nut délé lèye : *O mon Dieu !* qu'o ce ç'o dé celè ?
Jé n'an pieu pu ! on me décheur !
Quë ! jé fat in nieu ! — In nieu ! — Oye, lo v-lè,

Froche et nové ponu : Wëdeus-ve béne dé lo dire,
On me houyereu pauille. *Enfin*, n'an pàleus me.

    Lè fome, nieuf lè dessu
    Come déssu d'autes èfares,
E cru lè choùsse, et è preumin dé se tare (couhié).
    Màs so sarmant s'é peudu
    Evo lo sóme dé lè nut.
    Lè fome, rècontate et amiésse,
    Sourte don lin aussetoû lo jo levé,
    Po core cheu sè *voisine :*
Mè comère, li dit èle, nié auque d'èrivé,
N'an déheus rié surtot, kèr vé me férin bètte ;
Mo-n ome vié de ponre in nieu groûs come couëte.
    Au nom de Dieu, wëdeus-ve béne
    D'ollé rèpande ço *mystère*.
Vos moqueus-ve ? dit l'aute, ah ! vé ne sèveus oua
Tiosse qué je su. Olleus, né doteus rié.
Lè fome don ponous s'an revà cheu lèye,
L'aute gréille déjè d'an rèconté lè droûllerèye ;
Ele và lè rèpande au pu dé dich andreûs,
Andu d'in nieu, l'an é dit treuche.
Cé n'o me co torto, kèr éne aute comére
An é dit couëte, et rèconte è l'oroille lo fat,
    Précaution pou *nécessaire*.
Come lo *nombre* dé nieus, *gráce* è lè renomaye,
    Dé boche an boche olleu crohant,
    Dévant lè fin dé lè jonaye
    Is se montins à pu d'in çant.

QUELQUES MOTS

SUR LES

TABLES TOURNANTES.

Lorsque le grand Moïse présentait au peuple juif les tables de la loi, il ne se doutait guère de l'avenir réservé aux tables tournantes, sans quoi il aurait fait ajouter un *post-scriptum* ; celles-ci eussent été probablement supprimées par un décret d'en haut, ce qui aurait épargné bien des anathèmes, une foule de poursuites, de condamnations, d'interdictions, de saisies et d'amendes. On ferait de gros livres avec ce qui a été dit pour et contre, et tout ce qui se dira encore sur elles ; voilà pourquoi j'ai longtemps hésité d'entrer en lice ; c'est pour cette raison, aimables lecteurs, charmantes lectrices, que j'ai tant tardé à vous gratifier de ma prose tournée et retournée. Manquant de loisirs, privé de communication avec les docteurs de l'endroit, je désespérais de pouvoir même effleurer la question délicate dont les salons et les gens sans souci ont eu jusqu'ici le monopole. Dois-je l'avouer, les tables tournantes m'avaient toujours semblé un songe plaisant de la rêveuse Allemagne, non pas que je prétende que cette patrie de la pensée et de la science ne justifie sa réputation de génie et d'idéalisme profond, mais je supposais que les sociétés savantes s'en étaient emparées pour alimenter leurs séances et que l'oisiveté les colportait pour tuer le temps. Dans tous les écrits publiés à leur intention, il y a un cachet d'ironie, de gravité équivoque, qui m'a donné l'alarme et m'inspire une méfiance dont je ne puis me défendre et que vient encore augmenter mon état d'ignorance.

L'autre fois, par une pâle matinée du mois de mars, j'étais allé pour......... je me trouvais à......... ma foi, disons-le, honni soit qui mal y pense, j'étais tout bonnement à la brasserie, face à face avec un pot de bière et un buveur en redingote, qui savourait avec béatitude du maryland à huit sous le paquet, un feuilleton qui avait déjà été retourné et sa chope, dans laquelle brillait ce liquide à reflet de topaze, chéri des étudiants et des lèvres germaniques. Tristement accoudé sur une table très-peu tournante, je demeurais immobile comme un Turc et taciturne comme un Russe. Lassé de ce silence et de cette immobilité, je commençai alors à me caresser le menton, je portai au plafond des regards fiévreux et des bras convulsifs ; je toussais avec effort, je frappais le parquet de mes talons, je me pressurais le front. Vains efforts : j'avais beau me casser la tête, rien n'y entrait, si ce n'est la bière que je m'étais versée machinalement. Au bruit de ma toux et de mes soupirs, mon bienheureux voisin leva des yeux étonnés ; il quitta son journal, but à ma santé et débuta par cette interrogation : — Connaissez-vous le procédé pour faire venir un pommier sur une pomme de terre? J'étais en train de lire cette nouvelle invention. En guise de réponse, je m'empressai de lui faire cette demande :

—Connaissez-vous un procédé pour frapper un homme de torpeur et d'engourdissement, le réduire à sa plus simple expression et le rendre susceptible d'être mis dans un bocal?

Mon voisin demeura stupéfait et m'examina avec une certaine inquiétude. Je lui réitérai ma question avec plus de force ; il continua de rester morne et silencieux, regardant la porte qui était entr'ouverte ; il ramassa son porte-pipe, le mit dans sa poche et se leva avec une vivacité aussi extraordinaire qu'impolie ; je le retins par le bras et lui versai à boire. A la troisième sommation, il passa la main dans ses cheveux et parut réfléchir. — Attendez! dit-il, j'ai votre affaire. Il y a, je crois, un docteur anglais qui s'occupe de ces choses-là ; il prétend qu'on peut faire vivre l'espèce humaine à la façon des serpents et des marmottes et il..... — Vous n'y êtes pas, mon cher. Le moyen de galvaniser, de plonger en léthargie un homme sain de corps et d'esprit, est de le forcer à écrire un article sur les tables tournantes. C'est précisément le mal qui m'atteint aujourd'hui et le motif de ma présence en ces lieux. Attendu que la fièvre de rotation nous arrive de l'Allemagne, je viens m'inspirer avec de la bière. — En effet, si telle est votre position, je vous plains, répliqua mon charitable voisin. Je comprends votre chagrin et vos étranges façons ; j'avoue que le sujet est embarrassant, mais en revanche je dois ajouter qu'il est assommant. Lorsque tout le monde a parlé, et quel monde! il devient très-difficile de ne pas rabâcher. Toutefois, je vais faire mon possible pour vous mettre en demeure. D'abord, mon pauvre ami, croyez-vous aux tables tournantes; tournent-elles, ne tournent-elles pas, comme disent les savants et les académiciens? — Qu'elles tournent ou qu'elles ne tournent pas, il y a un fait certain, c'est qu'elles me font tourner la tête. — Vous sortez de la question. Admettez-vous les effets du fluide animal ; êtes-vous pour l'influence magnétique ; adoptez-vous la puissance de l'air ; croyez-vous à la circulation des fluides, aux phénomènes de l'électricité? — Oui et non : cela dépend. L'influence de l'électricité est manifeste, et le fluide animal existe, selon moi ; seulement je n'admets pas tous les effets qu'on lui attribue. Je crois facilement aux chapeaux volés, mais j'ai de la peine à digérer les chapeaux volants, les tables dansantes, parlantes, et autres propriétés effrayantes.

Mon voisin me laissa tranquillement achever ma période et donner un libre cours à mon incrédulité. Gardant un visage impassible, il se mit à faire l'inspection de ma toilette, qui, pourtant, n'avait rien de remarquable. Il étendit le bras, secoua l'étoffe de mon gilet, saisit le modeste cordon qui courait d'un pôle à l'autre de l'hémisphère décrit par le thorax, et au bas duquel était fixée une petite clef en cuivre, seul ornement de mon individu : — Vous avez une montre? — Parbleu! j'ai le cordon ; ce serait bien le diable ! si je n'avais pas la montre. — Suffit. Tirez-la dehors — Voilà. — Bien.

Et la suspendant à deux doigts environ de sa main, la paume en dessus : — Voyez cette montre ; elle ne bouge nullement, n'est-ce pas ? — C'est vrai. — Dans quelle direction voulez-vous qu'elle se balance, du nord au sud ou de l'est à l'ouest? — Du nord au sud. — Mettez l'index contre mon pouce. Là. Très-bien..... Maintenant regardez.

Et la montre, dans le sens indiqué, prit le mouvement régulier de la lentille, les mains de l'opérateur, que j'observais attentivement, restant dans une immobilité complète. — A présent, si vous commandez un autre mouvement, la montre s'arrêtera pour prendre le nouveau chemin que vous lui tracerez. — Maintenant, dis-je, je veux qu'elle aille du côté opposé. — Mettez vos doigts ici. Et la montre de s'arrêter subitement et de prendre aussitôt une marche contraire.

A mon tour, j'ouvris de grands yeux. Je repris ma montre en tremblant ; je la croyais ensorcelée. Le physicien profita de mon émotion pour porter le dernier coup à mon scepticisme.

— Je n'aime pas les longs discours, me dit-il ; je n'admets que les faits, les choses visibles, palpables. D'abord l'*argumentum à ton hymen* ; les paroles viennent ensuite. Tel que vous me voyez, j'ai aperçu de mes yeux et touché de mes mains un chapeau qui frémissait sous les doigts et a fait plusieurs fois le tour d'une table. On le sentait rebondir avec une rage de mouvement qui tenait du délire ; le fougueux couvre-chef avait comme une envie de s'envoler ; il valsait, se débattait, sautillait et frétillait absolument comme la fillette qui se défend contre le ravisseur qu'elle désire. Attrapez ça, monsieur l'esprit fort, nierez-vous encore les miracles maintenant? Rigogo ! il vous faut rabattre votre caquet. Est-il vrai que vous devez rabattre quelque chose, oui ou non?.....

L'hôte de la brasserie tournante me faisait l'effet d'un savant de la haute volée ; c'était un savant qui était encore plus savant que les autres savants, à vingt coudées au-dessus de tous les docteurs réunis ; il était devenu pour moi une autorité devant laquelle je me sentais faible, désarmé. Par respect pour ses principes et son accent de sincérité, je m'inclinai en signe d'adhésion, mais sans dire mot et avec un nez très-long. Moi, qui m'étais toujours moqué du diable et de ses satellites, j'avais désormais à compter avec les fluides malins, les tables sorcières et les chapeaux enchantés. Je venais de perdre mes dernières illusions ; la raillerie ne m'était plus permise, le cheval de bataille qui devait me faire sortir victorieux des flots de l'ennui et du sortilège avait passé à l'ennemi. Le mal d'enfant, les crampes reprenaient de plus belle ; un sombre nuage obscurcit mes traits.

A mon aspect, l'orateur s'interrompit et m'adressa ce reproche inconvenant : — Décidément, qu'avez-vous donc ! vous êtes gai comme un bonnet de nuit et amusant comme une séance de l'académie. — Ah ! vous ignorez, répliquai-je, le poids de la douleur qui m'accable. Heureux mortel ! combien je dois vous féliciter de n'avoir point connu les tables désobéissantes et les chapeaux paresseux ! Outre votre estime, j'ai eu le désavantage de posséder l'amitié d'un jeune monomane, tellement enthousiaste de la théorie à la mode, qu'il est devenu l'épouvante de tous ses amis et connaissances ; ceux-ci ne l'appellent plus que l'*homme-fluide*, le *garçon-tournant.* Un jour d'été, il me surprit au détour d'une rue, et m'abordant à la muette, comme le ferait un traître de mélodrame, sans le moindre salut ni honnêteté aucune, sans me témoigner quoi que ce soit, il m'enleva brusquement le chapeau de fatigue que je portais pour ménager mon numéro un, et le manipulant, le pliant et repliant dans tous les sens : — Larges bords, ancienne forme, rapé, usé jusqu'à la corde : bon pour le service, magnifique, superbe, fit-il en manière de compliment et me tapant sur l'épaule ; ce chapeau-là n'a pas de prix, c'est de l'or en barre, mon vieux ; viens avec moi.

Je restai tête nue, les cheveux flottants, j'étais abasourdi ; je me laissai faire. Il me conduisit à son domicile comme un agneau qu'on mène à la boucherie. Je tombais dans un infâme guet-à-pens. Je me rappelle qu'il faisait une chaleur étouffante. Lorsque nous fûmes arrivés, il me poussa dans une chambre obscure, hermétiquement close...... je me trompe, il me lança dans son repaire, dont il referma rapidement l'entrée, donnant aussitôt un tour de clef. Il me soumit à l'expérience du chapeau, trois heures entières, rien que cela ! Moi, j'étais fasciné, lui était à peindre. La bouche dilatée, les yeux étincelants, large-ouverts, braqués sur l'instrument de mon supplice, il murmurait par intervalles : —Le fluide !.... hein, sens-tu l'effet ?..... Hô !..... je sens un mouvement.... Ah ! sapristi ! le chapeau ! le chapeau !..... il va tourner !.... Oh ! le beau petit chapeau, tourne, mon petit chaperon, chaperoneau, chaperonette..... Net ! le v'là qui part !..... teau teau, chapiteau, chapeau tournera tantôt... Lâche pas mon petit doigt, v'là le fluide !.....

Durant ces longues, ces mortelles heures, que je n'oublierai de ma vie, je pus constater la présence d'un fluide qui ne m'était que trop connu ; la sueur coulait à grosses gouttes le long de mes joues et sur mon estomac ; je tendais la langue comme un chien altéré ; tous mes membres se crispaient, j'avais la respiration étranglée, je suffoquais ; et à travers mes yeux troublés, j'apercevais le fatal chapeau qui me ricanait, gardant une tranquillité exemplaire. Pour me soulager, je faisais de temps à autre un léger mouvement de corps, sans toutefois quitter le bord du feutre et me gardant bien de remuer les doigts. A la fin, mon bourreau découvrit l'innocent remède et se fâcha tout rouge : —Il faut convenir, me dit-il, que tu as bien peu de patience ; il n'y a que trois heures que tu es en position, et déjà tu ne peux plus tenir sur pieds. Je te prie de ne pas bouger ! ! Si tu me refuses ce petit service, tu peux t'en aller. Pour un homme qui sait vivre, tu n'es qu'un pleutre en fait de complaisance, tu n'es pas un ami. Je te supplie en grâce d'y mettre du sien, ça manque de volonté, ça repousse le fluide. Fi ! va te cacher.

Pour le coup, la tête me tourna, et, sans égard pour le grand âge de ma coiffure, d'un coup de pied, je l'envoyai rouler sous les meubles. — L'expérience a réussi ! criai-je avec des larmes dans la voix, je me tiens pour content. Fais comme moi, contemple les lois du mouvement, sois satisfait, jubile. Il est évident que le chapeau a remué, puisqu'il n'est plus à la même place. Si je n'ai pas de fluide aux mains, j'en ai du moins au bout de mes bottes !

Je réparai le désordre de ma tenue et me mis à la recherche du fugitif ; je le repêchai sous un lit, derrière lequel il s'était caché, et je pris la porte ; l'homme-fluide était demeuré à son poste, pâle, solennel, comme la statue du Commandeur. Nous nous quittâmes furieux, ennemis pour jamais.

— Vous avez eu tort, reprit mon juge ; vous deviez attendre. Une heure de plus ou de moins, cela ne devrait pas vous arrêter, lorsqu'il s'agit de choses aussi importantes ; aujourd'hui vous encourez la peine de votre négligence, tandis qu'il vous eût été facile de vérifier par vous-même et de vous instruire sans frais. Il y a des personnes qui ont peu de fluide, d'autres qui en ont beaucoup, cela nécessite un temps plus ou moins long. Pour quant à moi, je suis suffisamment édifié sur le mouvement des tables et des consoles ; il me reste encore quelques doutes sur leur puissance de devination, mais je pense que je ne tarderai pas à les lever. Indépendamment des gens de bonne volonté qui accélèrent le succès et ceux qui poussent le meuble par distraction, il y a des hommes graves qui ont été forcés de se soumettre à l'évidence, et cela m'est arrivé plus de cent fois ; je puis donc vous en parler savamment. J'ai consulté des auteurs fort estimés, qui m'ont confirmé dans mes croyances. Par exemple, le célèbre Fritz affirme, entre autres vérités, qu'un jour nous serons maîtres de la planète au point de la faire tourner en sens inverse : quoi de plus consolant ! de plus judicieux ! Je suis panthéiste, Monsieur ; tout est dans tout. Depuis le commencement du monde, la nature joue le rôle de la Belle-au-Bois-Dormant ; elle s'éveille ! La matière retournera l'univers, lequel tournera dans des circuits où il n'a jamais tourné ; le monde physique, dans son mouvement rotatoire, fera tourner le monde moral, qui a si besoin d'être retourné, et nous serons en plein tournoiement.

Le même auteur ajoute que l'amour a été le premier inventeur des tables tournantes ; oui, croyez-le bien, plus d'un couple aimanté par le fluide, est allé faire le tour de l'anneau pardevant M. le maire. Il y a plus : la nécromancie se transforme, un nouveau lustre lui a été donné ; et c'est là que les tables ont vraiment quelque chose de merveilleux !

Tenez, sans aller plus loin, ici tout près, aux portes de la ville, il y en avait une qui était tellement savante qu'elle a été révoquée, interdite ; c'est dommage, car elle obéissait comme un mouton et elle parlait comme un livre. Elle indiquait le jour, l'heure, le lieu et la minute où une jeune fille avait cessé d'être jeune, les mariages qui devaient se faire et ceux qui devaient se défaire, l'époque d'un héritage, etc., etc. Je vais vous démontrer la manière dont cela se pratiquait :

Figurez-vous la scène : chambre rustique au rez-de-chaussée ou au premier, peu importe ; ce sera en plein air, si vous voulez. Des paysans et des paysannes forment le cercle ; au milieu, un escabeau. Une devineresse de village interroge ce meuble fidèle.

Demande : Gentil escabeau, mon tendron, mon mignon, savez-vous si Madelon a un bon ami ? — *Réponse :* Oui. — Est-ce un blondin ? — Non. — Est-ce le beau brun, celui qui doit partir pour être conscrit ? — Non. — Est-ce le rouge-coq, le cousin au grand Colas ? — Oui. — On dit que Madelon a trouvé un beau, beau chardonneret, qui est apprivoisé et qui n'a pas été élevé à la buchette ; c'est la vérité ? — Oui. — Ousse qu'elle l'a trouvé ; est-ce sur un arbre ? — Non. — Dessous ? — Non. — Derrière une haie ? — Non ? — Dans un jardin ? — Non. — Auprès du ruisseau ? — Non. — A la chapelle blanche ? — Non. — A la Bonne-Fontaine ? — Non — Est-ce au bois ? Oui. — Le jour, ou la nuit ? — Non. — C'est à la brune ? — Oui. — Connaissez-vous Jacqueline ? — Oui. — Est-ce une bonne fille ? — Non. — Comment ! elle est méchante ? — Non. — Alors, j'y comprends plus rien.... Ah ! je vois ça : elle est amoureuse ? — Oui. — Mais ce n'est qu'un peu, un petit brin ? — Non. — Ah ! diable ! Elle a eu beaucoup d'amourettes ? — Oui. — Beaucoup ! beaucoup !! — Oui ! oui !! — Hô ! qu'est-ce que vous dites ; est-ce qu'elle ne l'a plus, son cœur ? — Oh ! non. — Comment l'a-t-elle perdu ? — En allant cueillir des noisettes.

Tout le monde se met à rire : hi ! han ! hi ! han ! — C'est comme l'autre, tiens. Ha ! ha ! hi ! hi ! hu ! hu ! Elle a fait comme Madelon.

— Lequel se mariera avec Jacqueline ? — Francis, répond le meuble. — Est-i beau, est-i riche ?

La table se tait ; silence dans l'auditoire.

— C'est donc un peu mâtin, un vilain raffalé, un vieux bossu, une bête à cornes ?

La table dit oui. Trépignements, explosion générale.

Une autre fois, je me trouvais dans le grand monde, près d'un gros réjoui qui faisait la roue, et d'une dame entre 40 et 50 ans, teint foncé, peau corriace, taille exubérante, mains rouges, pieds très-développés. Tous deux paraissaient ravis de leur bonne mine et se penchaient dédaigneusement vers moi pour recueillir mes exclamations au sujet de la table qui avait les honneurs du salon et excitait l'admiration générale par ses connaissances variées ; je vous f... mon billet qu'elle connaissait l'humanité à fond, celle-là. Tout-à-coup la dame mûre se pinça les lèvres et perdit contenance : le maître de la maison avait eu l'irrévérence de soumettre l'honneur du couple à l'indiscrétion de la table parlante.

— Table gentille, aimable ustensile, pourriez-vous faire connaître les caprices, le nombre des faiblesses de cette jolie dame ?

Et la table de répondre oui avec empressement.

— A-t-elle été faible souvent ? — Oui.

Sourires parmi les fauteuils.

— Combien de fois ? — La table donna trente-deux coups, mais je ne pus en compter que trente ; les deux derniers furent couverts par le tapage et les éclats de rire. L'accusée tourna au rouge cerise, aux vapeurs, aux attaques de nerfs, et vint s'affaisser sur mes genoux, que je n'eus pas le courage d'écarter, malgré toute mon envie de la laisser couler sur le tapis.

C'était le tour de l'époux.

— Petite table, mon bijou, pourriez-vous dire à la société combien de fois ce mari respectable a été infidèle? — Non. — Et pourquoi?

Le meuble se mit à exécuter un roulement tellement rapide et prolongé, que la femme sensible, dont j'étais surchargé, oublia son indisposition ; et se levant soudain, elle lança à l'époux coupable un regard vengeur. Celui-ci ne paraissait pas s'en soucier et se rengorgeait dans sa cravate de soie jaune, promenant sur le beau sexe des yeux provoquants. Sa digne moitié n'y tenait plus : elle courut à la table, la lui passa traitreusement entre les jambes, et le triomphateur tomba lourdement sur sa face la moins poétique, au grand divertissement de la compagnie.

Je vous ai parlé du monde physique : ce n'est que la doublure. Le monde moral aura bien d'autres évolutions autrement curieuses. Les arts et les sciences iront s'implanter dans les têtes les plus indociles; la Lorraine fourmillera de puissants génies ; Metz deviendra littéraire. Vos yeux seront alors réjouis d'un spectacle comme vous n'en avez jamais vu et comme vous n'en verrez jamais ; vous pourrez admirer à votre aise les splendeurs inconnues, les trésors secrets de la ville de Metz.

— Ah ! bah !.... Jusqu'à présent, j'avais cru que cette ville de province n'était remarquable que par ses rues peu alignées et la quantité énorme de ses pâtissiers, restaurants et marchands de vins.

— Malgré tout le respect que je vous porte, Monsieur, je suis fâché de vous dire que vous êtes dans une erreur grossière ; on voit bien que vous ne connaissez pas la prestidigitation en grand et que vous n'avez jamais assisté à une soirée de magie blanche. Or, il faut que vous sachiez qu'il y a un homme de plume qu'on appelle le magicien blanc, qui, par la seule force de sa volonté, a bouleversé le monde des esprits et leur a communiqué son fluide artistico-littéraire. Il a annoncé une grande représentation, qu'à la rigueur il aurait pu donner au mois d'avril ; mais pour éviter de fâcheuses interprétations et empêcher les malavisés de crier au poisson, réflexion faite, il l'a remise au mois de mai ;

> Chère époque où éclosent
> Les poètes et les roses.....
>
> . . . .
> Et les baraques de la foire.

Admirable révolution ! Entre nous, n'est-il pas vrai, sauf deux ou trois martyrs cloués à la localité et une demi-douzaine d'écrivains qui ont pris la fuite, le terroir ne produisait guère de racines et encore moins de rabelais !

— Ma foi ! je suis assez de votre avis.

— Vous jurez de parler sans haine et sans crainte, de dire la vérité, toute la vérité, rien que la vérité. Levez la main, dites : Je le jure.

— Je jure de parler sans crainte d'être démenti, ayant souvent entendu causer la bonne société.

— Baissez la main ; vous allez répondre à mes questions :

— Le pays messin passe-t-il pour être littéraire ? — Non, à la majorité. — Que penseriez-vous d'un homme qui préméditerait un assommoir de la force de cinq cents kilos et au-dessus, avec attentat consommé sur quantité d'honnêtes gens, trois cents personnes, par exemple ? — Je dirais que ce paroissien est un grand coupable. — Et s'il en faisait une table savante, une table instructive, agréable, d'utilité publique ? — Sur mon honneur et ma conscience, je déclare que cet homme serait un Newton, un derviche tourneur, ou l'antechrist. — Hé bien ! cet homme existe ; il est vivant et naturel ; il boit, il mange, il respire comme vous ; cet homme, c'est le magicien blanc. Le grand magicien blanc a détruit le préjugé qui faisait considérer le littérateur messin comme une bête curieuse. Il a pris sa baguette et sa grosse voix, et il a dit : — Lorraine, marche ! Metz, tourne ! Et la littérature fut. Et c'est au mois de mai qu'on vous régalera de la chose.

Alors tous deux nous nous écriâmes d'un commun accord : — Hé ! bon Dieu ! où allons-nous ? Qui sait où s'arrêteront les fluides et la maladie tournante ! Il arrivera un jour où les rochers et les montagnes danseront la polka comme le premier venu ; et il y aura bien sûr une académie des cervelas et des andouilles.

Sur ces entrefaites, je fixai la pendule : l'aiguille tournante marquait deux heures, et je n'avais encore rien retourné en fait de comestible. C'était le cas de dire : ventre affamé n'a point d'oreilles. Je demandai à mon professeur la permission de m'en retourner, ce qu'il m'accorda avec beaucoup de gracieuseté ; nous trinquâmes comme de vieux amis, et je courus prendre possession de mon écritoire, la tête farcie de tables tournantes, d'idées lumineuses et de pensées contradictoires. Je me mis au travail la plume d'une main et la cuillère de l'autre, mettant de l'encre par ici et du bouillon par là, écrivant une ligne pour en effacer deux, passant ensuite un trait sur le tout. Hélas ! j'étais beaucoup plus ignare qu'auparavant ; je me bornai à reproduire telle quelle la conversation qui précède. Lecteurs compatissants qui tournerez ces feuillets, je me recommande à vos bontés ; je vous demande pardon pour le tour que je vous ai joué en vous faisant tourner avec cet article tournant qui tourne comme un tourniquet ; roue d'Ixion que je tournais en me roulant sur ma couche à roulettes, et qui, me faisant tourner à son tour, me rouait comme le plus roué des roués qui ont tourné sur la roue ; tourbillon qui me faisait tourbillonner comme le plus tourbilleux tourbillonnement ; grand serpent de mer qui me tournait et retournait, se roulant, se déroulant, se contournant autour de la folle du logis, et dont, fort heureusement, je suis délivré ; grâce en soit rendue à celui qui fait tourner la boule du monde.

St-Nicolas, imp. de **P. Trenel.**

LO PLIAJI DON MÈRIÉGE.

In jone guèchon voleu dépeu lontamp,
So mèrié èvo éne bacèlle qu'èveu co sés pèrants;
L'oteu bèlle come lo jo, tot chèquin lè lourgneu,
Mas, au diale cé n'oteu me por zous;
L'èveu preumin se kieu è Colas qué l'émeu.
Colas n'oteu me bé, mas aussé l'oteu pliageant.
Catiche po sè geantillèsse, li èveu èchurié lo meriége
    pè in four sarmant.
Dans Mèsse, dans Pèris, jèmas dé lè vèye,
On é vu éne mènièye come lèye;
L'oteu émabe et geantie, torto s'an chugeu;
Lés grous borgeus l'èdouriins, mas pèchoune né si
    froteu.
E se père, è sè mére l'oteu tojo fidèlle;
Ele preufiteu aussé dé zous rémontrances et de zous
    consèilles,
Et maugré lés maus, lè poure note, èprès zous qué
    l'é prin;
L'on meuri tos lés dous dans éne nutaye dé chègrin.
L'èvins éne vèche qu'oteu lè méillou béte don monde,
L'é creuvé dans se codo; au mitan dé so-n ètaube.

Délé sés boranges is l'on treuvé tranyaye,
In kar d'oure dévant qué dé pèssé, éle méjèu co so-n
  owouaye.
So pére sé min au li, d'éne péte si grousse,
Couéte jos èprès i répouzieu dézo lè fouérousse.
Sè mère oteu deuillante ausse béne qué sé bacèlle,
Ele né pleu so rèpagié d'in flièau si cruèlle.
Bône come l'oteu di-t éle; éle bèilleu don se boué lacé.
Ele so moteu è brare chèque foué qu'éle réouatieu
  sés vèchés.
Catiche né le fèyeu me mou veur, mas l'èveu don
  chègrin,
Ele sopireu nut et jo èprès so neur béguin.
V-lè di-t éle èstour lè vèche creuvaye, lo trézour
  dé lè mohon,
Et més pére et mére anvoyes dans in aute sahon.
Lè poure Catiche, oteu seti tote pèrlèye démoraye,
Evo sè blianche chète qué miaweu tote lè nutaye.
On crèyeu béne qué céte béte lè, pérneu in pou
  dé ce chègrin,
Po fare vénin dé lé sè matrosse lo guèchon don
  mûnin.
Kèr cite-céle èveu ètu è l'antérmant dé cés pèrants,
1 n'ouzeu ollé délé lèye sans li fare in prézant.
L'ètandeu co quèque jonaye,
Po lè venr béne rèpagiaye.
Et pu devant qué de li pâlé d'èmour,
Et de comancié lés èccoures.

Mas sè poure chète gueuleu si foûe,
On èreu di qué Catiche li tudeu le co·.
Cè fèyeu dé lè pouéne è Colas qu'ouyeu se tréyin lè.
I va lo londemé cheu lèye sans pu d'ambèrè,
Qu'o ce qu'é vote chète don Catiche, éle né rau-
    cliou me dé gueulé,
Né li tudeu ve mé le coû ècheu ! j'a ouyi da cheu
    mé.
Nian ! di Catiche, quand vié l'oure dé trare ;
Ele né pu dé lacé, jé ne pieu lè retenin de brare.
Rèpagieus ve Catiche, né palans pu de celè,
Jé sé que çé ve fat pouéne, pérneu vicmant ço boqué.
Oh ! j'a le kieur co tro grous, Colas,
Jé ne di me si ve revénin in pou pu tâ.
Lè poure ofant an dégeant celè,
So lâ cheur an revé doûe, Colas lè rétié dans sés
    brès.
Voteus in boué ome li di-t éle, l'oteu tamp que vé
    me réteninse,
J'èreu chu è tère, mo-n èpaule èreu p-téte ètu deminse.
Tot an degeant celè l'oteu èssieutaye su cés genos,
Lu ne chaufieu me et ne pleu dire in mo.
So kieur fèyeu tèfetèfe ; lè cholou oteu dans lu,
Lèye lè santeu bène, mas éle n'èreu me co v-lu,
Contanté lo dezire don jone ome èdrossant,
Qué lè teneu dans sés brès come in p-tiot jone ofant.
Çè ne fat rié, et maugrè sés régrèts,
Ele né panseu pu qu'è l'èmour qui li tandeu lés brès.

Ce qué ço dé lè jonèsse, po éte si chégeante,
Echeu éle brèyeu, ènu éle rie et qu'o mou contante.
Colas treuveu lo tamp longe, i c-mance è li pâlé de
    mèriége,
Catiche n'èrcu me co v-lu tote chute so motte en
    ménége.
Lèyans pèssé lè quèranténe di-t éle, pèsque més
    pèrants m'an vourins.
Jé vrans tos lés dous è lè mosse prié Dieu au motin.
Oh nian! di l'èmorous, èrangeans ne lo pu tou ç'o le
    méillou,
Posqué jé ne convenans, baclans celè to lés dous.
Mo foué lontamp èprès lè bèile i consant,
Mè rèflèksion o fate jé le dirans aus pèrants.
Is convégnes an méme tamp de lè noce et don fèchtin,
Et dâ le londemé l'invites lés oncles et lés cozins.
Couëtoure jos èprès lés volles qué sont mèriés,
Dèvant le mare et le préte que lés é confessé.
Folleu veur come Catiche oteu rangeaye,
Lo jo de sè noce, dans l'èssambliaye.
On lè remèrqueu béne d'èvo lés geans,
Mas aussé so-n ome li èveu èchetté dés bés gants.
L'èveu éne bèlle corone què rélugeu su sè cornète,
Çolè fèyeu veur aus geans qué sè jonèsse oteu nètte.
In bé mochu bèillé aussé pè se golant,
Oteu pouzié su se doùe au gôt dé béne dés geans.
L'èveu éne cotte flioraye, è lè moude de ce tamp lè,
Qué pandeu su cés solés nowoué è lècès.

Ele mèrcheu è p-tiot pès dévant so-n ome et lés
  geans don fèchtin,
Antére sés oncliins qu'ollins dreut au motin.
Mas è so-n èrivaye dans lo lieu rèspècté,
Ele s'é ètu motte déssu lés dégrayes dé l'auté.
So-n ome l'é chu, i s'é ègenoillé è cotié de lèye,
Li é palé è l'oroille dè quèques p-tiotes rèvaudrèyes.
Lo préte vié délé zous èvo so sourpélin blian,
Lou di dés potrénotes, et pâle dé sacreumants.
Mas aussetoû lè bénédiksion bèillaye et le deûe dans
  l'ènèe,
Lo *Veni creator* chanté et le préte pèyè.
Lè mèriaye et lés geans de lè noce s'an revégnes
  è lè mohon,
Po mégé lés grous jambons et pe vudié lés creu-
  quenions.
Lè tauille oteu longe : lè mèriaye s'é min au mitan,
Mas le mèrié sérveu lo fricot è tortu lés èssistants.
Chèquin bouéveu et méjins come dés trous,
L'o fèchtin oteu bé, mas lés omes on vénins soû.
Lés viésses et lés jones èvins dès jerguénes dé diale,
Mas in oure èprès is fèyins su don tré tortu in
  grous râle.
L'èvins tro bu de vin et mégé austant de châ,
Ç'oteu hontous por zous, dé lé tère l'otins come dés
  retrâs.
Cè ne pleu pu dechande, is corins tot de méme è
  lè chiote;

Mas devant que d'i èrivé l'an randins plié dés hotes.
Dans lè chambe, lè cujéne et dans le bètu,
Is fèyins dés renàs tortu heurlubeurlu.
Lés bacèlles dégotayes, né p-lins veur chousse pèroille.
Éles déjins antére zous ; ollans ne-z an de tossé,
    jé n'èmuzerans mieu au couaroille.
Mas in pou èprès, l'on ètu au danse èvo lés pu
    rèzonabes,
Lè mèriaye i è ètu èvo plié so cochu de tâte.
Colas oteu demoré seti, èvo quèque geans de lè noce,
I rèzeu lés tepins, et handleu fieu dé lè chambe
    lés pu grous oces.
I bisqueu èssé déjè èprès sè fome,
Qu'éle rèsteu tâ au danse, è lu qué v-leu fare in sôme,
Ele révié aussetou, l'oteu nut tot près,
Colas li di èstour j'ollans nos motte dans lés drès.
Panseûs come lè poure bacèlle deveu éte réchéjaye!
L'oteu noméne dans le mèriége, éle tramblieu su
    lés dégrayes.
Lu au contrare oteu joyous et contant,
Kèr i ne houteu me dé lè kerèssé an montant.
Lés volle dans lè chambe haute èrivés,
Zoute li oteu dejè preupèré.
Lè jone fome, né sèveu qué contenance ténin,
De se treuvé béque et béque èvo in jone munin.
È fouche dè toûné autô de lè chambe, éle so dé-
    prote su éne nieuve chire,
Colas an fat austant è pu i tind lè leumire.

V'oteu mou préssé li di-t éle, jé n'a me co defat
  mè cotte,
Hateus ve vicmant, i fat freud jè grullotte.
I grulleu tot de méme, mas ce n'oteu me de freud,
Lés dants dé sè boche potins come dés mollins aus
  Reus.
Monteus au li di Catiche, lo lincieus o treucié,
Olleus i lè preumire v'oteus mou lontamp po peuchié.
Jé ne treuve mé le pot, jé réouate tot èvôs,
Dévèyeus lè fenéte, vé peuchereus su le tèrau.
Qu'o ce qué lés geans dirins s'is me ouèyins fare
  çolè,
Oh! bo is dreumes èstour, is sont béne au repoûe
  dans lés drès.
Catiche tro béne èprinse, nè vieu me fare ce qu'on
  li di,
Réouate dézo lè chèmenaye, pran quèque chousse
  délé le li,
Ç'oteu lés bôtes dé so-n ome qu'otins proupice è celè,
Mâs l'an è min dedans jousqu'an haut dés lècès.
L'an èveu éne trate come éne vèche dé nové lâ,
Colas crèyeu béne qu'éle n'èreu jèmas fât.
Véneus ve-z an au li don Catiche délé mé!
Jé ve motrâ dans mè plièsse, i fat meillou tossé.
Catiche an trambliant, va se couché dans lè rouèle,
E cotié dé se-n ome qu'oteu pu émabe qué cruèlle.
O ce qué v'èveu powe Catiche que ve grùleu si foûe,
Mo foué di t éle nian! mas vé me pinsieu in pou foûe.

V-leus ve qué je vos dejeusse, vé fèyeus dés grimèsses,
Més mées sont tro douces po ve fare cheur an
    fouèblèsse.
Jé ne di me qu'éles né sont me douces, mas ç'o
    qu'éles rôdes tot èvos,
Jé lés san su me vante, su més queuches et pu
    haut.
Qu'o ce qué ve chèrcheus, jé me pèrmot dé vos
    le dire,
Ç'o don le diale qué ve bouce, mordi i ne séreu
    me pire.
Eles sont anco su mè bodotc,
Et pu ve chaufieu foûe, jé va houyé mè tante Gogote.
Mas, fouyeus ve don Colas, olleu ve-z an jé v'an
    prèye,
V'oteus dialemant pézant, v'oteu kèpabe dé me routé
    lè vèye.
Mo foué Catiche vé m'annoyeus èvo vos prounes,
Jé ne fat portant qué come lés grous ch....
Lè bèlle so la fare, mas li é treuvé don pliaji,
Mè mére di -t éle si l'an èveu èvu austant, éle
    n'èreu me co meuri.

LÉ PACHE AUS GUÉRNAILLES.

CHANSON HISTORIQUE.

Air : *Dansons la Parisienne.*

Més émins , je m'an vâ vos rèconté (*bis*)
Ene éfare qué vien d'èrivé (*bis*),
Vé m'écoutereus, jé n'an dote mé ;
Kèr nié me tan de mantes qué de vérité.

> Jé creu bien qué l'a pèrmi de rire,
> Dé se divertir, dé se divertir
> Et que l'a pèrmi de chanté,
> Po lés sous qu'on frikèssé.

Ç'ateu donc chich guèchons de Failly (*bis*)
Qué v-lins mingé dé lè châ in sèmedi (*bis*),
Is n'èvins ca pouin de mouëyin treuvé,
Po pleur fare lo repè dézirié.

> Jé creu bien , etc.

Valle lo Chan Himbé, si on le conecheu (*bis*),
I conat torto n'impoute ce qué se seu (*bis*) ;
Jé va dit-i bèillé in consaille ,
Ollans ne-z-an pachié aus guérnailles.

> Jé creu bien , etc.

Is c-mances è pachié da au cliou prè (*bis*)
Et qu'on porchut jousqu'è le haut pré (*bis*),

4

Nos valle èstour dézo Vany,
Et je n'èvans portan ca rien prin.
    Jé creu bien, etc.
I ne sagit pu dé ce qu'a pèssé *(bis)* ;
Pèrnans crèpaus et bricawés *(bis)*,
Çolè de Niniche a répété ,
Jé me f.. de vas contes ; jé n'ame ca sopé.
    Jé creu bien, etc.
Quand l'on èveu dés bétes èssé *(bis)*
Dreute è soti, is s'an on retoné *(bis)*,
L'on fat le tô don velége dous treus foués,
Màs péchoune né v-leu lés lougé.
    Jé creu bien, etc.
An valle inq dé zous qu'ampogne lè hatc *(bis)*
Et que l'ampoute cheu lè tantin Gagate,
On sé bien que l'é in bé p-tiat lougemant,
Mas i nié oua d'èmeublemant.
    Jé creu bien, etc.
V'ateus chure que ç'a éne bèle p-tiate chambe haut *(b.)*,
Més omes on min éne blaude po dés ridiaus *(bis)* ;
Ele né sérveu pu d'èbitassion
Qu'aus èrégnes et aus viés passons.
    Jé creu bien , etc.
Is ne sévins pè qué bou c-mancié *(bis)*
Po natié lés p-tiats bricawés *(bis)* ;
L'on treussié zous minchates jousqué lo code,
Màs, ç'a déminge qu'is ne ouëyins gote.
    Jé creu bien , etc.

Louis Laròse n'oteu me jè se béte (*bis*),
Ç'ateu lu qué coupeu lés tétes (*bis*);
Don Chan Maurice, jé ne v'an pâle mé,
I coupeu lés ingliates aussé.

      Jé creu bien, etc.

Mas quand au Chan don grous Himbé (*bis*),
Ç'ateu lu qué corcheu lés pées (*bis*);
Lo Hènnequin n'èveu ouar pu de chance.
Ç'ateu lu qué vudieu lés pances.

      Jé creu bien, etc.

Quand lo Louis é èvu fat (*bis*),
Lo valle qué dit au Nicolas (*bis*),
Té n'é qu'è torto preupèré,
Jé m'an va quère dé l'oule et don sé.

      Jé creu bien, etc.

Chan Maurice dit : bougré dé bozèk,
Tiasse lo mâtin qué delié le sèk,
Valle qué jé vien d'an veur soté couëte (*bis*).
Pandan qu'is charchins lés peudowes,
L'Auguse don grous so lèveu lés jowes.

      Jé creu bien, etc.

Quand lés guérnailles on étu nates,
Is ne sèvins è què sauce lés mates ;
Dit lo grous Chan, valle come jé lés éme,
Ç'a èva éne bone sauce è lè créme,
Réprand le Hènnequin, jé lés éme cheu frisse,
Jé fornira pu toù lés èpices.

      Jé creu bien, etc.

Lés valle è fare tote lè cuhéne (*bis*),
L'an évins treus çant, cé n'ateu me éne (*bis*) ;
Vé creurins bien que j'ateu éva zous ,
Mas nian, jé lés réouatieu pé in p-tiat trou.
   Jé creu bien, etc.

Quand l'on évu fat cure lés guérnailles (*bis*),
I demareu dé lè fèréne , lés mocailles (*bis*) ;
Lo Hènnequin dit : i ne faut rien gâté ,
J'an ferans ca in fameus creupé.
   Jé creu bien, etc.

Valle lo sopé que và comancié (*bis*),
Is ne sèvins què panre po mingé (*bis*) ;
L'ollins mingé èva dés kéillrates ,
Mas l'on tot de mème prins dés forchates.
   Jé creu bien, etc.

Quand l'on étu bien an tréyin (*bis*),
Is n'évins me è bouére et is tranyins (*bis*) ;
An valle inq qué pran éne creuque dé ouére ,
Et s'an va quère è bouére cheu se pére.
   Jé creu bien, etc.

Quand l'on bien évu remplii zoute bézèce (*bis*),
L'on tortu étu veur zous métrèsses (*bis*) ;
Vé jugereus in poû dé zous talans ,
I nian è moù qu'an ferins bien austant.
   Jé creu bien, etc.

Jé fliète tos lès guèchons dé mo velége (*bis*),
Pés qu'is son tortu bien séges (*bis*) ;

Is pèsses zout tamp an s'émuziant,
Màs ç'a aussé è zous dépans.
    Jé creu bien , etc.
I sereu tot méme è sohadié (*bis*)
Qué tos lés autes lés ressaninses aussé (*bis*) ,
J'an connat dans lés anvirons
Qué ne charches qué disputes et rahons.
    Jé creu bien , etc.
Si j'a compouzié éne p-tiate chanson (*bis*), .
Ç'a po in èxampe aus autes guèchons (*bis*) ;
Is nian è qué ne pance qué débaucheu ,
Màs cheu nos, is s'émuzes bien mieux.
    Jé creu bien , etc.
Si jé lè mat an publicité (*bis*),
Ç'a po quand vé voureus ve régalé (*bis*) ;
Ecouteus lo consaille don grous Chan,
Çolè ne vos coteré jèmas qué vate tamp.
    Jé creu bien qué l'a pèrmi de rire ,
    Dé se divertir, dé se divertir,
    Et qué l'a pèrmi dé chanté,
    Po lés sous qu'on frikèssé.

        Sar (de Failly).

AUS GEANS DÉ LÈ VÉLLE.

CHANSON.

E vos bélles geans dé lè vélle,
Nié lontamp qué ve n'èveus blièmé,
Vé ne tratieus tojo d'imbècélle,
Quand j'otans déssu le mèrché.

Vé ne houyeus grous pèizants
Quand jé ne volans me ouï rahon,
Vé ne montreus aussetoù vos dants,
Qué son ausse longes qué dés freuglions.

Jé ne potans poué de bés èbits,
Jé n'èvans jèmas qué lo sou dés champs ;
Jé n'otans me èbitants dé lé vélle,
Màs jé ne devans rié aus mèrchands.

Si v'èveus lés chèvous plié dé poure,
A ! né v'èstimeus me tan,
Lo munin dé note vélége,
Lés é béne dich foués pu blians.

Si v'èveus dés bés plieuméges
Né fèyeus me tan l'èrogant,
Lés dindons qué son dédans nos kéges,
An on béne trante foués austant.

Si v'èveus dés bés carosses,
Né fèyeus me tan lés fringants,
Moù sovant cé n'o qué dés rosses,
An défieu come an dédan.

Si v'èveus éne bèlle fèmille,
Né fèyeus me tan lés pédants ,
Nos jé n'otans me dé lè vélle,
Màs j'otans pére dé nos ofants.

LE TRIMAZOS. *

Ç'o lés bacèlles dé Saint-P....é,
Qué vons è Paque so conféssé ;
Délé zout préte qu'o bone ofant,
Qué lés èbsou tojo an riant.
O trimazos.
Ç'o lo maye, o mi maye,
Ç'o lo jouli moué dé maye,
Ç'o lo trimazos.
Ç'o lés guéchons dé Pliéneu,
Qué jéttes tos lés ans, lés reus,

* Voyez ce qu'on dit de cet usage dans le *Lorrain peint par lui-même* de 1853, page 26.

Et pu è zoute fête au moué d'èvrie,
Is danses tot come lés viés papis.
O trimazos.

J'èvans lés bacèlles dé L..ri,
Qué son geanties quand éles son s-ti,
Cé n'o me tojo, kèr pèr mo foué ,
Jé lés a ouï brare combéne dé foués.
O trimazos.

Quand on lés oué ollé è Mèsse,
On direu de zous éne bande d'èguèsses
Come zoute langue và dans lés chèmins
Eles tounes pu vite qué dés mollins.
O trimazos.

Aussetoü érivayes déssu le mèrché,
Médèmes véneus délé nos ècheté.
J'èvans dés prunes et dés guëyots,
Quand v'an voureus ; j'an èvans co.
O trimazos.

J'an èreu tro è ve rèconté ,
Si jé v-leu torto ve débité
Mas i ne faut me tojo dire ce qu'on panse,
J'a me cheu tot de chute quitté lè danse.
O trimazos.

COME S'ÈCHEUVE IN COUAROILLE.

L'ènnaye darnière, jé reouatieu pë éne jeulbire,
Lés pèssants et lés venans et surtot éne cujenire,
Qu'èveu l'ar bié préssaye, éle s'an olleu corant,
Dreute au bou don v-lége, po vudié in différent.
Dé quë s'agit-i? jé li demande, et mo repond :
Jé creu dit-éle qué nié pé lè, éne bètèille dé guèchons !
Su celè tot de chute san li pâlé dèvantége,
Jé core dèyé lèye san fare veur mo vézége,
L'oteu près dé lè nut, lè hète oteu jè rantraye,
Et les fomes otins come an bètèille preupèraye.
J'èrive délé zous, san éte vu dé pèchoûne,
Jé me mot an me couëchant dèyé in moncé de foûnes.
Jé n'oteu me béne tolè, jé m'a min dans le kégno d'éne
     fénéte,
J'ouye aussetoû éne dé zous, qué houye in aute f…. béte.
Ç'o tossé qué je và ve dire, ce qué ç'o dés fomes dé Naulsy !
Cé n'o me lo Pèrou, portant j'an a mou ri.
San fare lo pu p-tiot bru, jé réouate et je oué devant mé,
Cinq ou chis blians bonots tot prot è se chèpoillé.
Jé devé més dous euilles, ou putoû més oroilles,
Et je n'a dé lè vèye ouï dés jèrguénes pèroilles.
Couche to creu me bèrégne, on sé ce qué ç'o de té !
Lés bèrégnes to voille béne, jé sé tiosse qué té baté ;
Qu'o ce qué t'o don pu que mé, po fare lè mijauraye ?
O ce è causse qu'on te oué ; lés jos de fétes béne pèraye ?

Efrontaye qué t'o san to peut rossiaud
Té sereu pu manre qué mé, té n'èreu me tan de haubriaus ;
An volle èssé lè dèssu ; lèyeus celè dit Nichote ;
Mas si v'an v-leus pàlé, paleus-an an couëchote,
Vé ne ouëyeus me lés pèssans que rines et so moques dé vos !
Coman vons-t-is ve tratié, qu'o ce qu'is dirons de nos ?
V'oteus pu roche qu'in fu, vos v-lè tote èchaufiayes,
Et quand vé ve sérins bèttu, vé ne sérins me pu ècheu-
    velayes.
Mas ! qu'o ce qué ve bèrboilleus ? torto celè ne vos
    reouate mé.
Jé ne và me veur cheu vos, si vote foche o èlemé.
Jé n'ollans me veur lés fratins que fon boillé vote mèrmite,
Po cinquante lives pèr an vote mate an o quite.
Jé n'ollans me mégé sés fruts ni hollé sés prunins ;
Jé n'ollans me fliété lo note, po mieu panre sés réhins.
Ç'o vos qué devreus so couëché, et vé devrins éte hontousse
Dé ve montré devant lés geans, et dé tan fare lè glioriousse.
Mas ç'o fat au chaucu, vote conte o mo foué boué
Vé pleus treussié vote cotte et décroté vos solés,
(Ele so harégne èstour èvo lè préumire, et là nichote
    maugréné.)
Jé ne sé ce qué me tié guénille, qué te n'o me jè découëfaye,
Mas si je t'ampogne éne foué, sourcière d'èfrontaye,
Je t'an bèillera pu qué té n'an vouré dèssu to chin de topé.
Qué le diale lo pu molin, né vouré pu dé tè pée.
Jé me f.. dé té et de lu, bougré dé choche bèrégne
J'an sé tro su te conte, et jé n'a me co fat mo-n antiéne.

A ! té ne vieu me to coujié ! tié, chiéne, ètrèpe çolè.
*(Ele li bèille in coû de pogne su lè tête, qué l'é découëfé
    don coû.)*
T'an èré te soûe, èstour, et jé t'èra toû dezo mé,
Bèilleus li an co, dit in aute, pérneus lè pë lè tête,
Railleus li lés chèvous, l'an é tot come éne béte,
Tié don boué mè cornète et mo blian vantèrié.
Jé l'èra toû treuplé, jé lè débrolera come rié.
I faut qué jé l'èssomeusse, pan ! v'ètan houyé tè mére.
Té coreu béne jousqu'è Pèris, dévant qué de treuvé te pére.
On ne t'an é jèmas poué vu, qu'an mitan dés goujars,
Qué roulins dans le pëï évo tos lés soudars.
Jésus-Dieu, mo Sauveur ! dit lè grand mére fliétousse,
Dé bètte lés geans anlé, té devreu éte hontousse ;
Lè poure note o randowe, éle vâ meuri tolè !
Si to-n ome oteu tossé, i t'èreu toû chloné,
T'an èreu dessu le corau, tan po le jo, que po lè voille.
Dépeu qué jé su au monde, on é vu chousse pèroille.
Ç'o lèye qué c-mancié, è me houyé vé sèveu ?....
Tos lés noms dé dessu tére ; et souleman si j'ouzeu,
Jé li fereu veur quéque chousse ; éle né se vanteré jèmas,
D'owoué coupé le coû et de mégé nos kènâs.
Vé ouëyeus le sujet que ç'o, l'o déchandowe dés anfées.
Ç'o lèye, crèyeus-le, qué fat creuvé nos ègnés.
Cés fomes s'an on dit, dépeu le haut jousqu'an bèche,
Mas quand l'on èvu fat dé baillé, l'on ètu trare zous neures
    vèches.
Su le *théâtre* dés vélles, nié jèmas de coumédie,
Qué ressoninsses lés sous qué so fon è Naulsy.

Ç'o anlè cheu nos , vélége qué n'é me so pèroille,
Qué s'ècheuve lés crégnes, et sovant lés couaroilles.

LÉS KEULATS DÉ FAILLY,

CHANSON.

Ç'a lés keulats dé Failly *(bis)*
Qué végnes è Mèsse tos lés vanrdis,
Vandes dés mollats freuméges,
Dés couèles dé créme, dés kégnas de beure,
Et dé tote sourte dé latége.

Is n'i végnes mé, qu'is sins promenant *(bis)*,
Zous bés èbits, zous rochats blians ,
Dés hauts dieumanches ;
Is son ausse bés lés vanrdis,
Qué quand is vons su lè danse.

Zoute mére lou dit an sourtant *(bis)* ,
T'é dés guèyins po chis frans ,
Austant de mollats freuméges ;
Si té ne mo rèpoute mé doze frans,
Jé to défralera le vézége.

Vé lés ouëyeus, lés bés galants *(bis)*,
Don longe lé rowe aus Ollemands,
Lè téte leuvaye ;
Vé dirins è lés veur allé,
Qu'is son jè pliens de pètenayes.

Mas an sourtant don mèrché *(bis)*,
Is s'an vons dans in kèbèrè
Po conté zoute réfate,
An bovant éne chopéne dé vin
Dédans lo fond d'éne cave.

Zoute mére lou dit, an rantrant s-ti *(bis)*,
E béne chan é te réfat tés doze frans,
Et nian mére, jé n'an a me tan :
Mas cé n'a me dé mè faute ,
J'a vandu tot come lés autes.

Quand is n'on me ce qu'is vourins d'èrgeant *(bis)*,
Is s'an retone tojo trambliant
Délé zout pére et zoute mére ,
Qué se détrunes couzi au champ,
E coltuvé zous téres.

Si zous méres lés oùyes pâlé *(bis)*
Dé foucherèye, éles rayes in pèché,
Tot nieu de l'ènnaye,
Eles toches déssu lés poures guèchons
Come si éles chowins lè bouaye.

Qué molour qué jé n'atans me née *(bis)*
Dé Wry ou bien dé St-Himbé,
Ou dé quèque aute vélége,
Nas méres né ne v-rins me anvayé
Vande dés mollats freuméges.

ÉNE AUTE CHANSON QUÉ N'O ME MÉME,

Lés guèchons dé ce vélége lè,
Son mou molorous po celè.
Quand zous méres réviénes don palle,
Qué l'on fat dé felé zoute quenaille ,
Eles prannes tot de chute in grous baton
Po fare leuvé zous guèchons.

Si céte céles lés oùyes révenin,
Is sautes aussetoù an bèche don lin ;
Is mates zous chausses et zous guèrguèsses,
Foùche qué l'on powe et zous fèsses,
Eva zoute crèvète et zout chèpé,
Et anca zous solés.

Dà qué t'èré prié Dieu,
Té t'an v-ré su lo cenau,
Té jet-ré don grin è lè vallâye,
Po cinq ou chis bônes trèmayes,
Et si te n'é me torto fat celè,
Té n'èré me è dejûnè.

Quand té veuré l'ar don jo bèillé,
Té matré lo vée tassié,
Té reouatré dèyé l'ètèche,
I nié don foin po lè vèche ;
Té bèilleré l'awaye au cachon,
Ou je to défralera le gron.

Té veré veur déssu le drassu,
T'i treuvèré le colu,
Prand ouade è lè brigalaye,
Qu'é torto lés meumes décreuvayes,
Kèr si te vâ lè rèvaudé,
Ele to bèilleré dé sè pié.

LÈ CRÉGNE

ou

VEILLÉES DU VILLAGE.

Aux approches de l'hiver, c'est-à-dire vers la Toussaint
ou la Saint-Martin, les femmes de la classe ouvrière se
réunissent tous les soirs pour passer la veillée. La réunion
a lieu chez la personne qui a un local suffisant pour
contenir douze ou quinze personnes au moins ; chacune
apporte son ouvrage et son couvet garni de feu. Cette as-
semblée se nomme la veillée, et en patois-messin *lè crégne.*

Une lampe est pendue dans le milieu de cette réunion
et l'éclaire ; ou bien c'est une chandelle placée sur une
espèce de chandelier en bois, long de plus d'un mètre,
qu'on nomme *Béilboque* ou *toquâ.* Chaque assistante est
tenue de contribuer aux frais de son entretien comme à
celui du local. Là, tout en travaillant, chaque femme
raconte à la société les nouvelles qu'elle a apprises : l'une a

vu dimanche, à la messe, la parure de la fille de sa voisine, qui était trop chargée de rubans et ne lui allait guère bien ; vis-à-vis d'elle était la *Gogote Débocoraye*, qui avait son *mochu* de travers. L'autre a vu la grosse *Bichon* qui se promenait avec le petit *Domnique*. Le gros *Francis* était avec la *Bibiche Munin* ; ils allaient à l'extrémité du village chez le gros *Pièrot*. Une autre vient d'apprendre une nouvelle : c'est le mariage du *Chan* de la *Jeanne* avec la *Nichon* de la *Guiguite Tachée*. Enfin, chacune récite son chapelet et passe à peu près le village en revue. Elles s'entretiennent tour à tour des nouvelles du jour ; des mariages en expectative, des toilettes présumées, surtout si l'on est proche d'une fête ; de la riche et mirobolante dot promise aux jeunes mariés. On pense bien, que les matrones qui se trouvent dans ces réunions quotidiennes, en s'entretenant des jours d'autrefois, ne sont pas toutes douées d'une grande charité, et qu'elles ne se séparent guère sans avoir un peu jasé sur le compte du prochain. Il est même assez rare qu'une d'entre elles invoque des circonstances atténuantes en faveur des pauvres absents. Viennent ensuite les *fiauves* et contes de l'ancien temps, et des histoires, ordinairement bien effrayantes, de loups-garous, de revenants, de *lanternottes*, de fantômes, et souvent de malicieux esprits ou lutins invisibles qui venaient brouiller le chanvre des quenouilles ou rouler au loin les fuseaux des filandières négligentes ou trop distraites. Pendant ces récits, les petits enfants qui ont obtenu la permission d'assister aux *crégnes*, ne manquent pas

d'aller souvent et en tremblant se cacher sous le tablier
e leurs mères.

Un usage dépendant des veillées est celui de *dailler*.
Voïci ce que l'on entend par ce mot et comment la chose
se pratique. Vers 8 heures, les jeunes gens de l'un et de
l'autre sexe vont ensemble ou séparément à la croisée ou
à la porte sans l'ouvrir et disent à mi-voix : *Voleus-
ve daillé?* Ceux de l'intérieur répondent par des plaisan-
teries plus ou moins triviales, auxquelles doivent répliquer
les *dailleurs.*

Ceux-ci répliquent ordinairement par ces mots :

*Bonjour M. le bicbocteur tictocteur, je vous apporte
mes souliers à bicbocter tictocter, si vous ne les bicboc-
tez tictoctez pas bien, je les porterai à un autre bicboc-
teur tictocteur, qui les bicboctera tictoctera mieux que
vous.*

Telle est à peu près la formule par laquelle on commence
et à laquelle la plus vieille de l'assemblée répond :

*Dailleus, dailleus, jones geans, quand véreus dés
ofants è recouché et dés poussotes è lou bèillé, vé
n'èreus pu le tamp d'ollé daillé.*

Le dailleur. *Déheus me, jones bacelottes, si vote golant
oteu su vote prûnin, comant ferins-ve po li p-té è bouére
dans vote pènié.*

L'assemblée. *J'étandreus l'oure et lè sahon qué lè
rivière seu an glièsson po pleur adié mo mignon.*

Le dailleur. *Je vous vends l'or et la couronne, tous
les cordonniers sont des ivrognes ; toutes les filles*

qui les épouseront , grandes gueuses deviendront.

L'assemblée. *J'èvans lés couëtes fliambaus d'èrgeant, qué son su note euche dé devant , qu'èleumes lés émorous qu'antére dous pë dous.*

Le dailleur. *J'èvans lè pouére sauvége ; nié austant dé..... dans vote përantége , qué de carrotes dans le mèzouèyége.*

L'assemblée. *Jé vos vand més cisiaux d'èrgeant qué n'on jèmas coupé dé teûle dé mèrchand, mas jé coupereus béne vote p-tiote bèvrotte , bèvous qué v-oteus.*

Le dailleur. *J'èvans lo grée de freumant, treussieus vote cotte jé motra dedans.*

L'assemblée. *J'èvans lo cariau dé lè fenéte, vé ne sèveus rié non pu qué dés bétes.*

Le dailleur. *Jeunes filles aux blonds cheveux , comment se nomme votre amoureux.*

L'assemblée. *Guèchons aus blians chèpées, comant vos le direus-je quand jé ne lo sée.*

Le dailleur. *J'èvans lè crafoille dé cholot , jé n'an sèvans pu, mas v'an s'èveus co.*

L'assemblée. *Je vous vends la lanterne à quatre quarts, les quatre vents y ventent, le rossignol y chante un si beau chant qui réjoui le cœur de mon amant.*

La durée de ce colloque est en raison du talent et de la malignité des acteurs. On se sert souvent du prétexte de *dailler* comme celui de *valentiner,* pour faire des rapprochements dérisoires ; on en fait quelquefois de bien ridicules sous les rapports physiques et ceux des convenances sociales ; par exemple, on accouple un bossu avec une boiteuse, un homme très-âgé avec une jeune personne, un pauvre avec une riche, un débauché avec une fille sage ; mais ces unions discordantes, dues à la méchanceté ou au moins à la raillerie, n'ont d'autres effets que de faire rire ou d'inspirer le mépris. Si un homme marié a une maîtresse, on ne manque pas de le proclamer ainsi que sa donzelle ; cette censure publique peut avoir, on le voit, son utilité morale, à côté de ses inconvénients.

Quand les *dailleurs* ont épuisé leur répertoire, ils entrent dans la *crégne* et se placent près de celles qui sont l'objet de leur pensée. Souvent les amoureux s'amusent à faire tomber la corde du rouet de leur belle, ou à tirer l'aiguille de leur tricot, à prendre ses épingles, à dénouer les *gourmettes de sa cornete ;* enfin, ils veulent ainsi voir l'humeur des *bacèlles.*

Ensuite chacun chante une chanson à tour de rôle, c'est la contribution imposée à tous visiteurs et assistantes. Les vieilles femmes ne sont pas exemptes de cet impôt.

Neuf heures est la demi-veillée ou l'heure du *reveillon,* ou de la petite *récéne.* Cette *récéne* est un petit repas frugal que chaque veilleuse a eu soin d'apporter. A cette heure-là les garçons se retirent (ceux qui veulent suivre la bonne règle) et sont reconduits par les filles.

Vers onze heures ou minuit, la *crégne* cesse (souvent c'est la chandelle qui fixe sa durée) pour recommencer le lendemain à la chute du jour, et ainsi de suite jusqu'au samedi soir. (Autrefois la *crégne* n'avait pas lieu le samedi ;

c'était pour les *crégneuses* un jour de mauvais augure, à cause du sabbat des sorciers.)

Au mois de mars, quand les travaux de la terre commencent, les *crégnes* cessent tout-à-fait ; mais avant de se séparer, les veilleuses de la même *crégne* font ce qui se nomme la grande *Récéne*. Cette *récéne* est un repas, ou mieux, un petit festin auquel le vin est versé à plein verre (si c'est dans un pays vignoble). Quelquefois cette ripaille est suivie d'un bal où assistent toutes les personnes du lieu. Il va sans dire que les femmes, ce jour-là, ont la priorité et le commandement de la danse.

LO LOUÉGE

DÉS DIEUMEHOLES ET DÉS VALOTS.

On oué tos lés ans devos lés fétes dé Nowé,
Toplié dé viares bliaves qu'on mou l'ar chègrinés ;
Ç'o le sou dés dieumeholes et dés valots è guége,
Qu'é se dispouses è ollé su lè plièce au louége,
Po treuvé in màte, méillou qué le sou que l'èvins,
Ou po chégé d'andreu, pèsqué l'on tro dé chègrin.
Tantoù ç'o in valot qué dés répantirs èméres,
Dé quité sè métrèsse et de l'owoué fat mére ;
Ou l'o chèssié dé se màte, pèsqué l'oteu trouant,
I ne v-leu sourti don lin jèmas dèvant selo levant.

Tantoù ç'o éne dieumehole qu'ètirieu éne cholande ,
Dédan lè ferme èyou que l'oteu sèrvante ;
Lés guèchons venins lè veur totes lés seménes san manqué ,
Cés ollures lè dégotins le màte et lè màtrosse aussé.
Cé n'oteu me inq ni dous , kèr li venins pë dozénes ,
Lè donzèlle oteu bèlle , màs l'èveu dés ètrénes.
Ele déheu tojo : « Jé ne su tossé que po in an ,
» I demorra-je , in poù pu ; màs jé vieu béne pèssé me tamp ,
» Evo lés bacèlles dé me-n age et lés guèchons don v-lège ,
» Jé m'èmuzera èvo zous et jè pèssera co po sège. »
Lè mègnièye so trompeu , kèr èprès bèdinége ,
Po ouëdé so-n oneur éle songeu è se mote an menége ;
Màs comant s'i mote tot pèrlèye è san sotié ,
Lo sou qué deuveu l'ète o anvoye s'anguègé.
Lè poure diale dézolaye , rèconte so-n èvanteur
Au màte don lougis , qué né pu v-lu lè récieur.
On panse béne qué cés èfares lè , né contantes oua in fèrmié ,
Lu qué ne prand dés geans qué po béne trèvèillé ;
I l'é chèssié dé se chètée ou putoù de sè mohon ,
Quand i li é èvu fat et bèillé éne bòne maucion.
Aussetoù lèye s'an và san clioqué dèvantége ,
Rèconté sè capture è torto se pèrantége ,
Qué n'é ètu oua flièté , dé veur so-n incondute ;
Is ne vieunes pèchoûne lè recieur et tot le monde lè rebute.
L'o vusse de tortu come in chin dans in ju de guéille ;
L'on condanaye è demoré èvo lés bèrbis et lés guèilles ,
On li é fat mégé anlè in poù de frut de répantance ,
Ele n'é pu recommancié è ollé su lés danses.

I se fat è Mèsse (le 26 décembre) et dépeu nié lontamp,
In *institution* qué ressone lés sous d'*Orient* :
Ç'o lo louége dés geans qué démandes è ovré,
E lè colture dés téres, po adié lés fèrmiés.
Dé tos cotiés lés geans viènes su lé pliéce aus gombires,
Is se mones an rangèye dévant lés pèssants que lés èdmires.
Lés pèssants son dés grous mâtes rèborous,
Qué chèrches dés omes rèbeuches et vigorous,
Po pleur mouéné lés chées et tenin lè chèrowe,
Qué ne dotinsses mé lo freud ni lè pliowe.
Po bétte an grége, pé lè dans l'uvére,
E lè luhéne dé lè leune, quand lè nove o dessu tére,
I ne faut me éte dé pèille, enço moué dé mosseline
Po rézisté è celè ; on ne fat-me tojo riante mine.
Nié me è ollé so chaufié délé lo forné ;
Fat-i freud ou nian, on ne s'an vâ me dé dessu le trée.
Et quand on o au champ, on lânes cheur dé haut
Lè nove, lés grollons et lè pliouve come i faut,
San pleur so pliéde, et délé tiosse s'èdrossié,
Cé n'o me délé le mâte qué ne vieu ouï rié.
Lés poures valots méges zout pée an passiance,
An greulant conte lo mâte, qué né poué d'indulgence.
L'on convenins èvo lu dé trante ècus pèr an,
E lè fouére dé lè loue chis jos dévant le novèl an ;
Mâs s'is l'èvins conechu po in duche è cure,
Is n'èrins me mordis venins è se service, po le chure.

PARABOLE DE L'ENFANT PRODIGUE.

11 In ome èveu dous fés.

12 Lo pu jone é dit è se pére : Mo pére, bèilleus me ce qué deu mo revénin dé vote bié. Et lo père lou-z i é fat lo pèrtége dé so bié.

13 Poù de jos èprès, lo pu jone dé cés dous fés *ayant* rèmèssié torto ce qué l'èveu, s'an é ètu *dans* in pèï ètrégé tot lon èyou-ce qué l'é mégé torto so bié an gabrèye et an libèrtinége.

14 Eprès qué l'é èvu torto dépèné, nié venin éne grande fèméne *dans* ce pèï lé, et l'é comancié è cheure *dans* lo bezan.

15 I s'an é ètu èillou, et s'é ètèché *au service* d'inq dés èbitants don pèï, qué l'é anvoyé *dans* sè mohon dés *champs* po i ouëdé lés pochées.

16 Et tolè, l'èreu ètu béne âche dé rampliir so vante dés cofées qué lés pochées méjins ; mâs pèchoune né li an bèilleu.

17 *Enfin, quand* l'é ètu rantré an lu méme, i s'é dit : Combéne i é-t-i, cheu me pére, dé valots è guége qu'on pu de pée qu'i ne lou-z i an faut, et mé jé *meurs* tossé de fée ?

18 I faut qué jé me leuveusse et qué j'olleusse treuvé me pére, et qué jé li déheusse : Mo pére, j'a *péché* conte lo *ciel* et conte vos ;

19 Et jé ne su pu *digne* d'éte houyé vote fé ; tratieus me come inq dés valots qué *sont* è vos guéges.

20 I s'é levé et é ètu treuvé se pére ; et *quand* l'oteu co bié lon, so pére l'é saurvu et l'an é ètu toché dé *compas-*

sion ; et coran è lu , i s'é jeté è se coù et l'é bàhié.

21 Et so fé li é dit : Mo pére, j'a *péché* conte lo *ciel* et conte vos , et jé ne su pu *digne* d'éte houyé vote fé.

22 *Alors* lo pére é dit è sés valots : Èpoteus vicmant lè pu bèlle roube et covreus lo , et moteus li in ènée au deùe et dés solés *aux pieds ;*

23 Èmouéneus aussé lo vée *gras*, et toueus lo ; mégeans et fèyans bône châ.

24 Pèsqué mo fé qué voce oteu moùe et l'o *ressuscité :* l'oteu peudu, et l'o rétreuvé. L'on comancié è fare fèchtin.

25 Portant so fé lo pu viésse , qu'oteu *dans* lés *champs*, é revénin ; et *quand* l'é ètu délé lè mohon l'é ouï lés *concert* et le brut dés sous qué dansiins.

26 L'é houyé inq dés valots, et li é demandé ce qué ç'oteu.

27 Lo valot li é répondu : Ç'o qué vote frére o revenin , et vote pére é toué lo vée *gras* , pèsqu'i lo reoué an bône santé.

28 Ce qué l'é min an *colère* , i ne voleu me antré *dans* lo lougis ; mâs se pére é sourti po l'*en prier.*

29 I li é fat céte réponse : V'lè dejè *tant* d'ènnaye qué jé vos sérve, et jé ne và jèmas *désobéi* an rié dé ce qué vé m'èveus comandé ; et portant vé ne m'èveus jèmas bèillé in bauquin po me ranjoyé èvo més èmins ;

30 Mâs aussetoù qué vote aute fé , qu'é mégé so bié èvo dés fomes peudowes, o revénin, v'èveus toué por lu lo vée *gras.*

31 *Alors* lo pére li é dit : Mo fé, v'oteus tojo èvo mé, et torto ce qué j'a o d'è vote (è vos) ;

33 Mâs i folleu fare fèchtin et nos ranjoyé, pèsqué vote frére oteu moùe, et l'o ressuscité : l'oteu peudu et l'o retreuvé.

FIN.